趣解债市江湖

郑文才◎著

中信出版集团 | 北京

图书在版编目（CIP）数据

趣解债市江湖 / 郑文才著 . -- 北京 : 中信出版社，
2020.3

ISBN 978-7-5217-1220-9

Ⅰ . ①趣… Ⅱ . ①郑… Ⅲ . ①公司债券—问题解答
Ⅳ . ① F810.5-55

中国版本图书馆 CIP 数据核字（2019）第 256505 号

趣解债市江湖

著　　者：郑文才
出版发行：中信出版集团股份有限公司
　　　　　（北京市朝阳区惠新东街甲 4 号富盛大厦 2 座　邮编　100029）
承 印 者：三河市中晟雅豪印务有限公司

开　　本：787mm×1092mm　1/16　　　印　　张：18.5　　　字　　数：174 千字
版　　次：2020 年 3 月第 1 版　　　印　　次：2020 年 3 月第 1 次印刷
广告经营许可证：京朝工商广字第 8087 号
书　　号：ISBN 978-7-5217-1220-9
定　　价：55.00 元

推荐序一

20多年来，我国债券市场取得了巨大的成就，债券市场规模已跃居全球第二，仅次于美国。截至2018年年底，债券存续余额约为86万亿元（约12万亿美元）。

品种余额靠前的三大债券依次为地方政府债券（18.1万亿元）、国债（14.4万亿元）、政策性金融债（14.6万亿元），分别占债券市场规模的21%、17%和17%。包括企业债券、公司债券和票据等非金融企业信用类债券余额18.4万亿元，占比21%。其中，公司债券近几年发展较快，存量规模略超中期票据。资产证券化产品余额3.1万亿元，其中证监会主管的企业ABS（资产支持证券）产品余额1.4万亿元（占比达到了45%）。

近年来，证券交易所根据中国证监会关于交易所债券市场健康发展的决策部署，始终以服务实体经济为本源，以不发生系统性风险为底线，以深化改革发展为动力，积极支持对接国家发展战略，优化产品结构，完善监管制度，提升服务水平，不断拓展债券市场服务实体经济的深度和广度。债券市场政策支持力度不断加大，同时做到“敬畏市场、敬畏法治、敬畏专业、敬畏风险”，各方合力深度整合债券市场相关资源，体制机制障碍不断消除，产品类型不断丰富，发行主体范围不断扩大，市场信用环境有所改观。刚性兑付逐渐被打破，截至2018年年底，市场债券违约金额1 400亿元，违约率为0.81%，低于银行贷款不良率，整体风险可控。债券市场已成为国家金融战略的重要组成部分，对于我国实体经济的发展有着重大意义。

郑文才博士2012年被借调至中国证监会债券市场改革发展领导小组办公室，在债券领域工作多年，勤奋专注。他写的“公司债券有趣问答”系列文章，深受市场欢迎，为大家提供了很多有益的信息。本书是由其发表在公众号“股债稻草人”①上的50多期“公司债券有趣问答”和“资产证券化有趣问答”汇编、整理而成的，对于读者了解债券市场及项目操作有诸多益处，值得大家细细品读。

陈　飞

中国证监会公司债券监管部主任

① “股债稻草人”是郑文才的个人公众号。有人曾问他：“为什么你喜欢‘稻草人’三个字？”他回答道：“实际上，稻草人就存在于我儿时的田间劳作生活中，它活生生地出现在水田里，两个长袖在风中飞舞，无欲无求，简单而知足，却可以起到保护农田劳作果实的作用。”——编者注

推荐序二

有些朋友经常被大家羡慕，因为他们把兴趣当成职业，给自己带来了快乐。更值得欣赏的是，他们中的一些人还把工作做得饶有趣味，把快乐传递给了别人。我觉得郑文才博士就是一个传递快乐的人，这本书就是有力的证明。

当初认识文才，是因为我们曾经同在证券监管系统从事公司债券监管工作，有过工作交往。后来关注文才，缘于不经意间看到他在“股债稻草人”公众号上发表的“公司债券有趣问答”系列文章，那些文章让人耳目一新。现在我们成了好朋友。话说回来，谁都愿意跟一个有趣的，一个热爱家人、热爱生活、热爱工作的人交朋友。

当初读到“有趣问答”，虽然也曾闪过劝他编辑成册的念头，但总觉得问答内容过于专业，受众可能有限，更何况成书既要保持幽默的风格，又要不失严谨的逻辑。

这次看完书稿，我才发现文才不仅巧妙地将“有趣问答”按照公司债券业务的内在逻辑进行了重新梳理，而且精心地为“有趣问答”准备了公司债券领域的背景资料，称得上用心良苦。

我也可以负责任地说，这既是一本为公司债券市场从业人士准备的好书，能够帮助大家在会意一笑间更加深刻地理解和掌握规则要义、政策精髓，同时这也是一本推广和普及公司债券市场知识的好书，能够引导更多有这方面兴趣的读者通过轻松的阅读，一步一步地认识这个市场，了解这个市场，进入这个市场。

这是一本好书，因为它专业但不乏趣味，活泼但不乏逻辑。当然，你也千万别简单地把它当成一本有趣的故事书，阅读之前最好认真地了解一下这个市场，否则你一定会很奇怪为什么别人忍俊不禁，而你却笑不出来。

张　庆
中国证监会公司债券监管部原副主任

自　序

2015年1月，中国证监会发布了《公司债券发行与交易管理办法》，废止了2007年的《公司债券发行试点办法》，从而拉开了“公司债券新政”的序幕。随着《公司债券发行与交易管理办法》的发布，债券相关政策发生了较大变化，情况如下：

- 拓展了公司债券的发行主体范围，更多企业受益。公司债券发行主体已扩展至所有公司制法人，私募债券已从中小微企业放宽至所有大中小型企业，上市公司均能非公开发行公司债券，符合条件的非上市公司也可公开发行公司债券。
- 发行审核政策发生变化。目前面向合格投资者公开发行公司债券（小公募）的预审核工作已下放到证券交易所，证监会基于交易所的审核报告进行行政许可。有人说这是公司债券市场的“注册制”，比股票的注册制更早落地。非公开发行公司债券由证券交易所进行转让条件确认，在证券交易所出具无异议函后即可发行。

- 审核效率极大提升。小公募前后审核时间一般不超过20个工作日，非公开发行公司债券转让条件核对确认时间一般不超过10个工作日。当然，存在二次或多次反馈意见的项目，时间会拖长一些。

在2015年的公司债券新政出台前，证监会等相关单位已经谋划多时。为推动公司债券市场发展，2011年11月，中国证监会成立了“中国证监会债券市场改革发展领导小组办公室”（以下简称“债券办”），这是证监会专门为发展债券市场而成立的办公室。债券办统筹负责公司债券市场建设，隶属于证监会市场部，当时由霍达担任主任。当时总体的改革思路为：“积极发展债券市场是促进资本市场健康发展、深化经济金融改革、显著提高直接融资比重、更好服务实体经济的重要任务。为加快公司债券市场改革发展，需要进一步坚持市场化方向，加快改革创新步伐，夯实市场法制信用基础，完善有利于市场运行的体制机制，强化监管执法效能，维护债券市场持续稳定健康发展。”当时初步提出的加快公司债券市场改革发展的目标是：“建设规则制度统一、管理权责明晰、执法集中高效、产品体系丰富、基础设施完善、要素自由流动、主体归位尽责、风控体系健全的多层次公司债券市场，实现公司债券规模的跨越式发展。”

笔者有幸于2012—2013年在证监会债券办工作，参与了《公司债券发行与交易管理办法》等重要文件的起草工作，与债券市场一起成长，备感荣幸。当初，在富凯大厦A座15楼的会议室里，债券办的领导、同事连续几天讨论《公司债券发行与交易管理办法》草案条款，我在电脑上一一记录。当大部分条款通过审核并公布时，我的内心无比激动。

本书以问答的方式解答公司债券的相关问题，个人化的幽默回答是本书的特色之一。这些问答有其生命力，有确切的现实基础，是业界实践给了这些文字以生命力——几百个“题干”大部分来自业界同人的提问。李开复说：若一件事情可以让你浑然忘我、乐此不疲，那么这件事情肯定是你最爱的。这几年，写这些有趣问答，至少是这样的。从此前在公众号“股债稻草人”上传播的效果来看，系列问答确实起到了减少社会成本的作用，发行人和券商从业人员也从中有所获益。

后来，在各种场合，很多人建议我结集出版，于是，这书就这样诞生了。但我还是要谴责一下我的拖延症，否则此书会更早上市。

在美国的纪录片《180° 以南》中，有一个人说：“最好的旅程，会回答那些旅程开始时你从未想到的问题。”这句话实际上与王阳明“知行合一”思想有异曲同工之效。王阳明曾言：“我辈致知，只是各随分限所及。今日良知见在如此，只随今日所知扩充到底。明日良知又有开悟，便从明日所知扩充到底。”学识是一点点增加的、循序渐进的，最重要的是有一个开始。多年以后，我回头看此书，也许会觉得书中所言幼稚不堪，甚至会有销毁此书的冲动，但至少此书代表了我的一个成长阶段吧。

本书有一些工具书的色彩，但融入了一些生活智慧和幽默。我本想多写一些思想性的内容，但债券这一话题有些难以承载，那就将这一遗憾由另外的书来填补吧。今年我37岁了，希望未来能够多写作、多分享，争取一年出一本书。若名字是最短的咒语的话，那么它会被人呼叫亿万遍。已过世25年的爷爷帮我取的“文才”这个名字，或许就是要我多写文字、多学点文化吧，因为文化属于“农门”的稀缺品。

最后，我要做一个免责声明。本书纯属茶余饭后之作，各种类比均属于个人意见，若与实际情况有出入，以相关法律法规及监管部门的意见为准（相关监管口径会有所变动）。本书不构成任何项目的承做指引或发行指引，本人不承担任何责任。2019年12月28日，第十三届全国人大常委会审议通过了修订后的《中华人民共和国证券法》，也请读者关注该法对债券市场的影响。书中若有冒犯之处或疏漏，也请读者见谅。

2020年1月8日

目 录

2

公司债券的申报和审核的技术性事项

3

公司债券的信息披露

4

公司债券的发行事项

5

公司债券的创新品种

6 公司债券募集资金的使用

7 公司债券存续期事项

8

公司债券与房地产行业、特殊类型企业的融资

9 ABS 的原理与关键点

10

债市江湖里奔跑的人们

11

公司债券授课中的注意事项

后　记

1

公司债券常识

第一节　基本知识

公司债券为何物

“债”，自古以来在民众眼里是一种负担，偏负面。“背负债务”“负债累累”“房奴”等字眼，体现了民众对债的焦虑心情和负面评价。新中国成立后，新闻媒体也曾宣传我国是一个“既无内债，又无外债”的国家，“债”在当时被认为是一种“较不好”的负担。时至今日，负债已经是民众用于生存发展的必需品，债权债务关系的建立在生活中已不可避免；放杠杆是社会经济生活的必备要素，是资源在社会上流动和充分配置的重要路径。只要放眼周围的社会，身边人或企业哪有不负债的，债其实是市场主体强化和补充自身流动性的必要工具。公司债券就是这样一种工具，能极大地促进企业发展，提升闲散资金的使用效率，使借贷行为规模化、规范化、公众化。

公司债券，在《中华人民共和国公司法》里的定义是“公司依照法定程序发行、约定在一定期限还本付息的有价证券”。公司债券，实质上就是“借钱、信息披露、付息、还本、可能的风险处置”的过程。有人说，募集说明书本质上是当事人之间确定债权债务关系的民事合同，发行人应在募集说明书中对公司债券发行要素、募集资金用处、偿债保障措施、争议化解机制等做出明确的约定。在债券存续期间，发行人在“借到钱”后，若在使用资金的过程中发生重大事项，应及时向债主们说明情况，这就是存续期的信息披露了。

《公司债券发行与交易管理办法》（2015年）规定：在中华人民共和国境内，公开发行公司债券并在证券交易所、全国中小企业股份转让系统交易或转让，非公开发行公司债券并按照本办法规定承销或自行销售，或在证券交易所及全国中小企业股份转让系统、机构间私募产品报价与服务系统、证券公司柜台转让的，适用本办法。因为作者的工作内容有所侧重，故本书主要关注在证券交易所上市交易（公募债）或转让挂牌（私募债）的公司债券，以及ABS产品。

公司债券发展的重要节点

十几年来，我国公司债券市场的发展有几个关键的节点。2007年8月14日中国证监会颁布《公司债券发行试点办法》，只允许上市公司发行公司债券，并局限于公开发行的公司债券。后来，创业板上市公司可以发行定向债，但仍需要行政许可，投资者数量受到限制，相关制度对发行人的风控要求仍然较高、较严。2012年，经证监会批准，深沪证券交易所开展了中小企业私募债券业务试点，允许非上市公司发行私募债券，范围是工信部规定的“中小微企业”。此时，发债主体拓展到了非上市公司，这是一次较大的突破。2014年，证监会推出证券公司短期债和并购重组私募债业务试点，并购重组私募债的资金可全额用于并购活动，拓展了发行人并购的资金来源渠道。证监会管辖下的公司债券市场的债券品种在不断丰富，但公司债券的市场规模、市场份额一直较小，服务实体经济的能力有较大的提升空间。2015年1月，经过几年的起草和修改工作，征求其他部委及全市场的意见后，证监会正式发布《公司债券发行与交易管理办法》，对2007年发布的《公司债券发行试点办法》进行了全面修订，并且将原来分散的针对不同发行主体的债券发行规则进行了统一，对公司债券的发行主体、发行方式、发行期限和流通场所等要素进行了全面的放松和扩容，简化了发行审核流程，开启了公司债券市场的爆发式增长时期。2015 年 5 月，深沪两个证券交易所发布了《公司债券上市规则（2015 年修订）》、《非公开发行公司债券业务管理暂行办法》（2018年12月7日修改并更名为《非公开发行公司债券挂牌转让规则》）以及《关于公开发行公司债券投资者适当性管理相关事项的通知》三个配套规则，自发布之日起正式实行。至此，证监会主管下的证券交易所债券市场相关法律法规得到全面修订和升级。新办法更能适应债券市场发展的需要，更符合债券发行人的切实需求，可以极大地服务实体经济。2015年，因公司债券业务的红火，债券业界也获得了诸多红利——不少证券公司当年各项业务收入排名第一的是债券业务，从业人员过了几个年景很好的丰收年。

“债市新政”的主要内容

2015年1月，中国证监会发布的公司债券新政的主要内容体现在《公司债券发行与交易管理办法》中。主要发生的变化有以下方面：

- 扩大了公司债券发行主体范围，放松了对主体的限制，更多的主体可以享用该政策，不再局限于上市公司。《公司债券发行与交易管理办法》将原来限于境内证券交易所上市公司、发行境外上市外资股的境内股份有限公司、证券公司的发行范围，扩大到所有公司制法人。2007年的《公司债券发行试点办法》只允许上市公司发行公司债券，创业板公司发行定向债（10个以下的投资人），发行人范围确实较为有限。《公司债券发行与交易管理办法》废止了2007年的《公司债券发行试点办法》。
- 丰富了公司债券的发行方式，不再局限于公开发行。《公司债券发行与交易管理办法》是在总结2012年“中小企业私募债”试点经验的基础上，对非公开发行以专门条款做出规定，正式全面建立公司债券非公开发行制度。实际上，2005年修改的《中华人民共和国证券法》总体思路仍偏向于公开发行，非公开发行的思维体现不多。《公司债券发行与交易管理办法》将公司债券的非公开发行正式大面积落地，进一步支持实体经济的发展。
- 增加公司债券的交易场所。《公司债券发行与交易管理办法》将公开发行公司债券的交易场所由上海、深圳证券交易所拓展至全国中小企业股份转让系统（新三板），但新三板市场的债券业务还有待进一步拓展壮大；非公开发行公司债券的交易场所由上海、深圳证券交易所拓展至全国中小企业股份转让系统、机构间私募产品报价与服务系统和证券公司柜台。公募债券和私募债券的上市交易或挂牌转让的场所存在一定的差异。

- 简化了公司债券发行审核流程。《公司债券发行与交易管理办法》取消公司债券公开发行的保荐制和发审委制度，不再将股票监管思维应用到公司债券上，简化了审核流程，也降低了发行人的申报成本。
- 实施公司债券分类管理。《公司债券发行与交易管理办法》将公司债券公开发行区分为面向公众投资者的公开发行（大公募）和面向合格投资者的公开发行（小公募）两类，并完善了相关债券投资者适当性管理安排。大公募就是广大投资者都能买的公募债券，不局限于合格投资者，即“老大爷、老大妈都能买的债券”。
- 加强公司债券的市场监管，力促市场健康发展。《公司债券发行与交易管理办法》强化了信息披露、承销、评级、募集资金使用、还本付息等重点环节的监管要求，并对私募债的行政监管做出了安排，大大放宽了发行人的范围。前端放开了，后端要收得住，这一点很重要。
- 强化持有人权益保护。《公司债券发行与交易管理办法》完善了存续期债券受托管理人和债券持有人会议制度，并对可自由约定的协议条款、增信措施做出引导性规定，让存续期债券持有人的利益更有保障。

- 审核政策发生变化，实现小公募债券的“注册制”，证监会不断简政放权。根据《公司债券发行与交易管理办法》的规定，小公募债券先由证券交易所进行预审核，大部分基础审核工作交由证券交易所，然后证券交易所再将审核情况（预审核）报送证监会。证监会以证券交易所的预审核意见为基础履行简易核准程序，最终盖章仍然由证监会来执行，因为公募债券仍然要实行《中华人民共和国证券法》规定的行政许可。小公募债券已经实现了“注册制”，科创板的注册制实际上已有相关的实践经验。另外，非公开发行公司债券由证券交易所进行转让条件确认，在证券交易所出具无异议函后即可发行。非公开发行公司债券因为不需要行政许可，因此批文并不需要证监会最终盖章。
- 审核效率极大提升。小公募公司债券证券交易所的预审核工作时间一般不超过20个工作日（在只有一次反馈的情况下）。非公开发行公司债券转让条件核对确认时间不超过15个工作日（在只有一次反馈的情况下）。相关时点均会在提交材料的网站中留痕和披露，审核时效接受公众监督。

自2015年证监会主导的公司债券新政实施以来，为平稳、有序、高效地推进债券业务，更好地服务市场主体并强化市场主体法律责任，证监会及沪深两个证券交易所不断完善债券业务规则，先后制定并发布了小公募预审核工作流程、债券业务办理指南、招标发行和簿记建档发行业务指引、定期报告业务通知、临时报告信息披露格式指引、存续期信用风险管理指引、质押式回购交易结算风险控制指引等业务规则，较大力度地完善了公司债券的相关规则体系，公司债券规则进一步完备。公司债券规则基础工作的扎实推进，为后续公司债券快速发展提供了较好的前提条件。

主要操刀者：中介机构

完成公司债券融资是一项系统工程，离不开方方面面的主体。进行公司债券融资涉及的中介机构有承销机构（一般为证券公司）、资信评级机构、受托管理人（主要是证券公司，包括少量的其他主体，未来有拓展的可能）、会计师事务所、律师事务所、资产评估机构等。

证券公司作为承销商，其主要职责是协调会计师事务所、律师事务所等中介机构开展尽职调查。在一般情况下，证券公司主导着公司债券项目，设计公司债券的发行方案，协助完成发行人内部决策程序，牵头撰写项目的申报材料；有必要时组建承销团，负责公司债券发行销售，与各投资人沟通，确保成功发行；协助安排公司债券发行后的上市交易（公募）或挂牌转让（私募）及后续服务，包括债券回售、风险处置等。

资信评级机构的主要职责是收集各类信息，开展尽职调查，独立出具公司债券首次评级报告，依规则和募集说明书约定在债券存续期间出具跟踪评级报告。有人说资信评级机构更像“算命先生”，拥有自己的算法和规则，基于相关信息对企业的资信做出一定的预测，能进行“科学算命”。在面向未来的不确定性方面，资信评级机构确有此功效。

受托管理人（主要为证券公司）的主要职责是持续关注发行人和担保人的资信状况，了解偿债能力是否有变化；当公司不能偿还债务时，受托管理人代表投资人参与风险处置等法律程序（受托管理人此时的主要职责是维护债券持有人的利益，就像是诉讼中的律师、午托班的老师等）。

会计师事务所的主要职责是出具公司债券发行人和担保人的财务审计报告，还需要在募集说明书上进行签字盖章（一般要求会计师事务所的总所盖章）。如果说资信评级机构的作用是预测未来，那么会计师事务所的功能便是记录企业的历史和现状。

律师事务所的主要职责是开展尽职调查，协助发行人、承销商等履行相关程序，解决项目的法律问题，出具法律意见书，等等。在我国，律师在公司债券融资过程中的主导性稍弱一些，很多文字材料也是由证券公司完成的；而在境外的债券融资过程中，律师的作用更加明显，募集说明书甚至都由律师主笔（尽量降低法律风险）。

资产评估机构的主要职责是开展尽职调查及出具资产评估报告等相关书面意见。特别是在为公司债券发行而提供的担保人或担保物的评估方面，资产评估机构承担了重要的功能。例如，发行人的实际控制人手上一套用于担保的别墅的价值，就与债券持有人的利益具有直接的相关性。

融资的关键步骤

公司债券的融资步骤一般包括以下方面：

- 董事会、股东大会（或股东会）通过有关发行公司债券的决议。发债事项需要通过股东大会（股份有限公司）或股东会（有限责任公司）决议，因为增加较多负债属于较重要的事项，而该事项务须经过公司的“最高权力”部门审议通过。
- 聘请中介机构。在一般情况下，中介机构会“尽心尽力”争抢优质项目，以至硝烟四起。此后中介机构入场，进行申报项目材料准备。在这一阶段，中介机构进行尽职调查，承销商起草募集说明书等申报材料，资信评级机构准备评级报告（私募债并非必需），律师准备法律意见书，等等。通常，各方会合力完成全套申报材料。在此过程中，它们往往需要召开启动会和若干次的协调会议。
- 申报及核准。在这一阶段，承销商将申报材料正式提交证券交易所并获取公募或私募债的相关批文。其中，小公募由证券交易所预审后报证监会盖章核准，大公募的申报材料则由承销商直接向证监会申报。私募债券的批文由证券交易所直接盖章后发放。小公募和私募债的批文，均可以在证券交易所领取，并在证券交易所封卷。封卷与领取批文往往实行“物物交换”——证券交易所审核人员一般在券商封卷申报材料之后，才会给批文。当然，证券交易所并不收取任何费用。

- 发行准备。公募债需要刊登募集说明书、发行公告等文件；私募债由承销商等相关主体进行销售准备，对接好相关资金，“八仙过海，各显神通”。
- 正式发行。发行人、承销商根据簿记、询价结果最终确定发行票面利率，确保募集资金到位。在私募债发行成功后的5个工作日内，承销机构、自行销售的发行人或受托管理人应向中国证券业协会备案。中国证券业协会对备案材料进行齐备性复核，并在备案材料齐备后5个工作日内予以备案，这是真正的事后备案。
- 已发行的公司债券在中国证券登记结算有限公司进行登记并上市流通或挂牌转让。发行完毕后，发行人应完成债券登记，即为债券“上户口”，并准备上市或挂牌转让所需提交的材料，最终完成在证券交易市场的上市流通或挂牌转让。自2017年7月以来，证券交易所开展固定收益类产品发行、登记及上市一站式服务，后续又推出固定收益类产品发行、登记及上市一站式服务电子化功能。一站式服务电子化功能涵盖发行申请、初始登记申请及上市申请功能，极大地提升了登记上市服务效率，改变了原来需要对接中国证券登记结算有限公司和证券交易所两个窗口的做法。现在，发行人只需与证券交易所对接，而后证券交易所与中国证券登记结算有限公司进行对接。另外，私募债一般仅限于在合格机构投资者范围内转让，转让后，持有同次发行债券的合格投资者合计不得超过200人。

市场监管和自律工作

公司债券市场涉及的监管机构为中国证监会及各地证监局，证券自律组织包括深沪两个证券交易所、全国中小企业股份转让系统（新三板）、中国证券业协会以及中国证监会认定的其他自律组织。

中国证监会是公司债券市场的监管机构，牵头的部门为公司债券监管部。根据中国证监会官网的相关介绍，公司债券监管部的主要职责包括：拟定监管债券市场的规则、实施细则；审核债券市场的自律管理规则；审核公司债券公开发行并监管相关发行上市活动；监管公司债券非公开发行和转让活动；拟定资产证券化产品发行上市交易的监管规则、实施细则并监管其发行上市活动；协调指导证券自律组织的债券业务；审核证券资信评级机构从事债券业务的资格；监管证券中介和服务机构的债券业务活动；监测债券市场运行，负责债券市场风险处置工作；协调债券市场统一监管执法；负责债券市场部际协调工作；等等。

2018年11月23日，经国务院同意，中国人民银行、证监会、国家发展改革委联合发布了《关于进一步加强债券市场执法工作有关问题的意见》（以下简称《意见》）。根据该《意见》，中国人民银行、证监会、国家发展改革委继续按现行职责分工做好债券市场行政监管，中国人民银行、国家发展改革委一旦发现涉及债券违法活动的线索，要及时移送证监会；《意见》明确了证监会依法对银行间债券市场、证券交易所债券市场违法行为开展统一的执法工作；确立了中国人民银行、证监会、国家发展改革委协同配合做好债券市场统一执法的协作机制。

深沪证券交易所、全国中小企业股份转让系统为公司债券提供挂牌转让、上市交易场所，它们在公司债券市场的主要职能包括：提供证券交易的场所和设施，制定业务规则，进行相关审核工作，接受上市申请，安排证券上市或挂牌转让，组织、监督证券交易，存续期监管及信息披露、风险处置，进行产品和业务创新。

中国证券业协会是证券业自律性机构，是非公开发行公司债券的备案场所，其在公司债券市场的职能主要包括：为公司债券制定自律规则、执业标准和业务规范，对会员及其从业人员进行自律管理，尤其是对证券公司的自律监管。私募债券的“负面清单”便是由中国证券业协会制定的，并会不定期根据市场现实情况进行调整。

第二节　有趣问答

初识公司债券

○ **问：** 在私募债方面，承销商、债券发行人、交易场所之间的定位与分工是什么？

• **答：** 公司债券承销商（证券公司）就像做菜的大厨，要保证食材的新鲜、卫生；在炒菜过程中，一般会尝几口，直到满意为止；心里会计算一下这个月或这一年的工资与奖金；整天被人催。证券交易场所负责闻菜香，检查有无异味，要求和希望食材露出本来面目；流流口水，然后端走盘子；也是整天被人催。发行人是菜肴享用者，一般会先给承销商预留一小块肉，整天催别人。

○ **问：** 发行人比较关心的公司债券发行的相关费用有哪些？

• **答：** 融资均需要一定的成本，生活中找人借钱一样有诸多的成本。同理，公司债券在发行过程中也涉及一定的成本，主要包括承销商的承销费、会计师事务所的审计费（上市公司、新三板公司等已经有现成的经审计的财报，不存在额外的审计成本）、律师事务所的律师服务费、资信评级机构的评级费用（初始评级+跟踪评级费用，私募债不强制评级）、资产评估机构的评估费用、中国证券登记结算有限公司收取的债券登记的登记费用等。债券发行涉及的具体费用由项目具体情况而定。相关费用的高低，还涉及发行人自身谈判地位的高低，以及自有资源投入的大小，例如，发行人自己找好了部分或全部的资金，承销费就会适当降低了；当发行人是优质企业时，其谈判地位有一定的优势，承销费也有一定的弹性空间。

○ **问：**发行人定向增发股票与发行公司债券，二者有什么区别？或者说，股票和债券有什么主要区别呢？有些发行人在进行融资时，在定向增发股票和发行公司债券之间，会有一些摇摆。

● **答：**股票和债券均属于证券的品种，我们即使知道了二者为何物，也仍可能对二者的优缺点界定不清。长期以来，我国债券的制度和监管思维是延续于股票的，2005年修改的《中华人民共和国证券法》更多体现了股票思维。2015年《公司债券发行与交易管理办法》取消了发债需要保荐代表人的要求，取消了发审委（发行审核委员会）。这是一大进步，监管层也意识到了股票和债券的差异。公司发行股票，就像你生了一个小孩，你对他（她）有永远的义务，长期来看成本不可控——股票定增时可能卖便宜了，你原本的股份会被稀释，新进入的股东还可能管七管八；公司发行债券，就像你在大学期间谈了一场恋爱，成本可控——发行人在发行时点就预见到了未来的大部分成本（利率基本确定），股份不会被稀释，债券持有人也不常参与公司的经营决策。当然，若把恋爱对象娶回家，那就是“债转股”了。谈恋爱是发行普通债（短期行为），娶了恋爱对象是债转股（长期持有）。公司若要快速成长，进行债权融资是比较划算的，因为它们在发行时点就锁定了未来的成本。

○ **问：** 有的发行人拥有一大堆的银行授信，银行贷款的利率也不会太高，为什么他们还要发行公司债券呢？

● **答：** 人若单条腿走路，还是有一些风险的，多一种选择，多一层保障，多给自己留条路。在一个冬天，我从-2℃的北京飞到24℃的深圳，身上还穿着秋衣秋裤，那种煎熬无法言表。在机场更衣室脱下的这些厚衣服，没有地方可放。我觉得这些衣服是多余的。但当我从深圳飞回北京时，这些厚衣服就成了保暖的宝贝工具。在网络时代，微博或微信朋友圈的一条负面消息，不管真假，足以导致很多融资平台对发行人断供，如银行断贷。晴天时，我们要想着下雨天的事，所以发行人应该“多条腿走路”，要么向银行贷款，要么发行债券……在公司债券方面，当拿到批文之后，你可以找到好窗口再发行（例如在央行“降准”时，发行成本可能就降下来了），也可以不发行，灵活性充足。

○ **问：** 最近有一件事，有点奇怪，有家上市公司刚签了个大单，股价表现还不错，涨了不少，但为什么这家公司的债券价格却不涨呢？

● **答：** 上市公司若签了一个大单，股票价格可能会大涨，但其债券价格可能没有什么变化，这是因为股票和债券存在一些实质性的差别。简单地说，父母把你养大，并供你上大学，相当于投资了一只股票（长期）；邻居见你上大学的学费不够，借钱给你，他们相当于发行了一只债券（短期）。若后来你学业有成、飞黄腾达，父母肯定高兴至极，但邻居并不会为此而手舞足蹈。如果你欠邻居100元，那么在你成了亿万富翁之后，从法律角度（《中华人民共和国合同法》等）来看，你只要偿还给邻居“100元+利息”即可。可见，股票是往前看的，更多的是对未来的预期，可以没有上限或天花板，而债券的预期是有上限或天花板的。所以，在债券发行的时点，投资人基本可以预见未来的收益。

○ **问：** 如何理解公司债券属于标准化产品这一提法？

● **答：** 有些人在私募债项目申报前，说已经找好了一位投资者，会全额认购，并将可能持有到期，存续期不转让，问证券交易所能否“适当降低审核要求”。实际上这就是“非标准化产品”的思维。公司债券可以转让，它关注的是潜在投资者的利益，是标准化产品。就像各地的“新式高铁站”，样式和格局大同小异，人们若不看站牌名的话，常分不清楚身处哪座城市。“新式高铁站”就是标准化产品。而现在去一些老旧火车站，你甚至凭一些细节就能认出是哪个车站。老旧火车站就是非标准化产品。你可能已经不习惯老旧火车站了，只因你已经习惯了“新式高铁站”这种“标准化产品”。

公司债券的若干纹理

○ **问：** 若发行人想启动公司债券项目的发行准备工作，发行方案的设计包括哪些核心要素？

● **答：** 核心要素的选定是要综合考虑的。公司债券发行方案的核心要素包括：发行方式（公开发行或非公开发行），公开发行还包括小公募或大公募，两种发行方式对利率会有影响；发行规模，规模需要与发行人资产情况相匹配；债券的期限，期限越长，发行成本越高；募集资金用途去向，以及公司债券的分期发行安排、是否设计回售或赎回等选择权条款、外部增信方式（担保）等。

○ **问：** 为什么公司债券申报不需要保荐代表人，而IPO（首次公开募股）却需要保荐代表人？

● **答：** 2015年，《公司债券发行与交易管理办法》取消了保荐制，也取消了发审委制度，而保荐制和发审委制度是IPO所需要的，这极大地简化了发行公司债券的相关程序和要求，放松了行政管制，也降低了发行成本。确实有人会问：为什么公司债券可以不用“保代”或发审委呢？实际上，对于申报IPO的公司，大家关心它活得久不久，关心它的未来发展潜力，希望它健壮有力；而对于公司债券发行人，大家主要关心它能不能活过债券兑付期，至于债券发行人能不能“长命百岁”，投资人是不大关心的。

○ **问：** 债券发行人的诚信档案是如何发挥约束作用的？

● **答：** 有一次，我在从贵阳飞深圳的飞机上，进卫生间时，发现马桶圈是湿的。我尽可不管，但后面排队的那位美女势必会误认为我有素质问题（“小便不抬起马桶圈”），于是我就主动用纸擦干了马桶圈。人在珍惜自己声誉或社会评价方面，就是这么有动力，特别是当排在后面的是位美女时。这就是诚信档案发挥作用的原理——你本来就很珍惜自己的“羽毛”！

○ **问：** 如何评价私募债券负面清单的积极作用？

● **答：** 私募债券负面清单主要用于告诉大家在哪些情况下发行人不能发行私募债券。我女儿喜欢拿着笔在家里乱画。当我把护照、学位证、户口本等锁起来时，意味着家中其他地方或物品都可以是女儿乱画的对象，而护照、学位证、户口本等就是她乱画的负面清单。自此她的作画范围一下子拓展了很多，就像公司债发行人的范围在2015年大大拓展一样。我书架上的爱书大部分早已遭殃，家里多了很多真实的“壁画”，就连真皮沙发也不能幸免。

○ **问：** 发行人是国资委100%出资的企业，2017年政府无偿划入了很多国有股股权给发行人，这使得发行人总资产和净资产规模大幅度增加。但发行人的实际控制人未发生变更，也不构成重大资产重组，若发行小公募，是否需要提供报告期内的备考报表？

● **答：** 据了解，不用。只有构成重大资产重组才需要备考报表，但发行人要对被并进来的公司主要财务数据及与发行人关联的交易情况进行披露说明。

○ **问：** 为什么公司债券会关注发行人重大资产重组事项？

● **答：** 重大资产重组事项对发行人未来的偿债能力是有影响的，有可能是正向的，也可能是反向的，所以需要被关注。在电影《流浪地球》里，当地球靠近木星时，木星吸走了地球大量的空气（含氧气）。这就是“两球”财产的混同，甚至是重大资产重组，容易产生新情况和各种风险，特别影响偿债能力。例如，氢氧混合物被点燃，就会制造出爆炸冲击波，从而把地球推出木星轨道，防止地球与木星碰撞，但地球会大伤元气。

○ **问：**某国企混改，股权在股权交易中心（“四板”）挂牌两年，但一直无人摘牌，这不影响其发行公司债券吗？

● **答：**类比一下新三板挂牌企业，它们可以在证券交易所发行公司债券。在新三板转让的股票，在证券交易所上市交易或挂牌的公司债券，二者并不冲突，但两个场所信息披露要一致。因此，在“四板”股权交易中心挂牌转让，应该也没有太多特殊性，可按公司债券项目常规申报，并注意信息披露的一致性。就像我虽然人在深圳工作，但心里却向往着老家。身心分置两地，虽有点分裂，但这是面对现实的妥当安排。

○ **问：**清华和北大毕业的一对年轻夫妇拜问禅师：如果买不起学区房，怎么办？禅师笑答：如果清华北大毕业生都买不起学区房，那还买它做啥？如何用债券思维来解读这种情况？

● **答：**“学区房”是父母对子女（发行人）提供的增信措施（担保），在北大清华读书相当于获得批文+债券销售成功，获得某种认可。债券“募集资金”就是那满腹的知识和才华，大学文凭就是那“验资报告”，大学女友就是那股债结合的产品（从短线到长线）。将募集资金投入主营业务当中，精力专注而集中（募集资金“专户”管理），发行人成长和壮大的概率相当大，买个学区房也很有可能。

如果清华北大毕业生买不起学区房，那么原因可能是产品期限太短——一毕业就买房。短期公司债券总是让人精神紧张。为了缓解这种紧张情况，我们可以采取以下措施：一是可设计发行中长期债券或可续期产品，将来终究买得起。二是在没有“反担保”的情况下，发行人可让债券的增信措施启动代偿，暂时啃老。若父母要求子女未来一定得买学区房，就相当于担保人逼着发行人提供“远期反担保”。三是毕业生可“借壳上市”。婚姻就是一次重大的资产重组，偿债能力可暴增。

实际上，买不起学区房也不能全怪发行人，主要是整体购房环境“恶化”（房价涨得太凶）。有些券商界朋友跟我讲，他们也买不起学区房，因为“固定收益岗，工资不好涨”。

影视剧与公司债券

○ **问：** 印度电影《摔跤吧！爸爸》跟债券有没有什么相通之处？

• **答：** 在电影《摔跤吧！爸爸》里，父亲通过开家庭会议（债券持有人会议），改变了两个女儿本来的“人生前途”（原本是早早地相夫教子）。父亲要把她们训练成摔跤手，母亲觉得不适合，初始约定债券期限为一年（1+*N*，一年若未有成效，女儿就不当摔跤手）。结果，该债券却变成了可续期债券，两个女儿一直练了下去。大女儿吉塔在赢得全国冠军后，来到印度国家体育学院训练学习，再也不受原来在家那么严格的管束，很自由地看电影、逛街等［原本有特定用途，却用来补流（补充营运资金）］。这相当于募集资金出了专户、被挪用，结果吉塔连连输掉比赛。后来，吉塔的父亲像受托管理人一样，及时介入，纠正了“募集资金”的不当使用，终于让吉塔夺得世界冠军。严格的自律，对于人生的成功很关键，就像严格履行募集说明书的约定一样。

○ **问：**2017年刷屏的高能连续剧《我的前半生》能让读者联想到债券的什么内容？

● **答：**唐晶、贺涵就像罗子君的“免费受托管理人”（呵护备至、随叫随到）；老卓的酱子馆，就像债券持有人会议（几位主角、配角常到老卓的酱子馆吃饭聊天）或密集信息披露的场所；罗子君的妈妈更像整天要挪用债券募集资金的相关主体（她妈妈常从罗子君那儿取钱）；陈俊生就像两期债券的发行人，有两个家要养，有两笔人生债要还。在后面的剧情中，唐晶像是罗子君婚姻的“承销商”，还无意中拿出自有资金（贺涵）去认购罗子君；罗子君离婚前后的转变——从没有一技之能到业界精英，更像类平台企业的转型，从依托政府业务转向开展市场化业务，开始有了更多造血的功能；贺涵这只AAA级债券，因为流动性太好（在婚姻市场上），一直让唐晶怀疑其被“薇薇安”短暂（24小时左右）持有过，唐晶也不相信贺涵的辟谣；凌玲与陈俊生结合，就像凌玲发了一个可续期债券，将陈俊生的资产纳入自己的权益；罗子君离婚，无法再归集陈俊生的ABS现金流，她采取的风险缓释措施就是自己出去打工。

○ **问：**债券项目尽职调查有多重要？

● **答：**在电影《我不是药神》中，抛开购买仿制药等事项的合法性问题，为什么程勇能够获得印度仿制药在中国的代理权？因为他到现场亲自尽职调查了，全流程进行了体验，后来还引入了中介、翻译人员（神职人员），最终获得了代理权。很多患白血病需要药的人，却没有几个亲自去印度尽职调查买药，因此多走一步是多么重要！我们如果不了解情况的话，就从尽职调查开始吧，那是“知行合一”的开始。

○ **问：** 债券和连续剧《那年花开月正圆》有什么关系？

● **答：**《那年花开月正圆》的剧情在经商脉络方面较为粗糙，想当然的经商事务却大多成功了。周莹在非常时刻嫁给吴聘，等于找好了债券发行的时间窗口——发现准新娘拒嫁之时机，主动当上了发行时的基础规模（正房），而不是超额配售（妾）的量；在差点被赶出吴家大门时，周莹触发了赎回条件（让她爹领回去），经过大家讨论（持有人大会），有幸继续留在吴家；周莹借钱买洋机器来织布，大大提高了效率，就像发行了项目收益债券，自此发家；与他人竞争时，就像债券承揽的江湖事，有无尽的故事可以书写；周莹一路上得到几位男主角的帮助，就像活在债券投资者们认可的如阳光般温暖的眼神当中。

2

公司债券的申报和审核的技术性事项

第一节　基本知识

申报项目细节组成了“万花筒”

经过各方艰辛的准备工作，项目最终申报提交，这意味着尽职调查基本结束，项目材料基本完成，而后续尽职调查主要根据反馈意见进行适当补充。公司债券的申报和审核是一个项目正式启动后的重要环节，是项目正式接受相关监管部门审阅并核发批文的必经程序。在此期间，会有申报之后的10天静默期，要反馈意见及回复意见，还要上会；若是公募债，批文还需要证监会行政许可（包括盖章）。

在审核过程中，各方也会关注诸多问题，例如，同一个发行人能不能同时向两个证券交易所申报项目？同一个发行人能否同时申报普通公司债券项目和绿色公司债券项目？发行人财务报告的有效期是多长？在针对反馈意见进行答复的过程中，有哪些注意点？在承销时，项目对投资者的范围有什么要求？发行人债券评级在使用过程中有什么注意事项？发行人引入担保时，对担保人有什么相关要求？针对这些问题，下文将给予详细解答。

公司债券“申报即纳入监管”

目前，中国证监会、证券业协会、证券交易所等各方均要求公司债券项目落实“申报即纳入监管”要求，即项目一开始申报就会被纳为监管对象。将公司债券明确纳入证券交易所的自律监管范畴（主要是小公募和私募债），在《公司债券上市规则（2018年修订）》和《非公开发行公司债券挂牌转让规则》等文件中均有体现。特别是针对公司债券上市预审核业务，相关规则为准入端实施自律监管提供了依据，进一步加强了公司债券的源头风险防控。

其实，项目的申报过程确实有纳入监管的必要性。我曾经关注过一个项目，发行人公司旗下有一家酒店，第一稿募集说明书说酒店为发行人所有，第二稿说酒店是发行人与他人共有的，第三稿说酒店是租来的。这种情况已经说明了证券公司、律师等中介机构没有做好尽职调查，或者发行人存在欺诈的行为。针对此种情况，相关责任追究程序应当及时启动，当地证监局、证券交易所的合规检查部等就可以出动了。所以，“申报即纳入监管”确实很有必要，可以加大发行人和相关中介的违规成本，让法律这一副可以咬人的牙齿更加锋利。

证券交易所已有相关的案例。某证券交易所怀疑发行人造假，于是向债券拟发行人发送了检查通知书，随后发行人就撤回了申报项目，并以已经撤回材料为由拒绝接受现场检查。但证券交易所并没有终止检查，还是按原计划兵分两路进行，一路前往发行人的办公所在地，封存主承销商留下的工作底稿；另一路前往主承销商办公地，封存主承销商和审计机构工作底稿，并最终完成检查。经过检查，检查组发现发行人申报材料疑点重重，被问询后给出的解释与披露的信息存在较大差异。检查组最后花了18天时间，前往8个地市，包括走访生产经营场所，访谈周边居民、出租车司机，终于查清了问题。为何发行人已撤回发债申请，监管部门依然要现场检查？按照证监会从严监管的要求，证券交易所坚持的是“申报即纳入监管”原则，即使发行人撤回申请，依然会受到检查。就像在考试开始后，学生作弊被抓住，然后学生声明考试成绩不要了，他是否就可以免受处罚呢？实际上，其作弊行为仍然是要被追究的。

项目审核程序和批文取得

在公司债券审核程序方面，依目前的制度安排，公司债券大公募由中国证监会进行审核，批文由中国证监会直接发放；公司债券小公募由证券交易所进行预审核，然后证券交易所会将相关封卷后的项目材料报中国证监会进行行政许可，最后批文由发行人或证券公司到证券交易所领取。中国证监会暂不负责小公募批文的最终发放。发行人和券商必须跑一趟证券交易所，因为行政许可发放批文需要面对面履行较严格的程序。私募债券项目由证券交易所进行审核，由交易所盖章发放批文，没有证监会的行政许可要求。在发行人和券商向证券交易所邮寄封卷材料后，证券交易所会向发行人或券商邮寄批文（无异议函），据说证券交易所全国“包邮”。

第二节　有趣问答

申报过程中的技术性问题

○ **问：**如果发行人在A证券交易所有一个私募债券在审，那么B证券交易所是否接受该发行人再报私募债券？如果不可以，什么时候可以再报？

● **答：**一是一般不能同时申报，除非不同品种；二是何时能再申报要坚持"吃完这碗，再打第二碗"的原则。证券交易所给了发行人通道，但估计不会让发行人浪费通道。2015年公司债券新政初期，因为规则正处于不断完备的过程中，有的发行人会聘请不同的证券公司，向不同的交易所申报公司债券项目。当时，同一个发行人在沪深两所可以同时申报，并没有严格的限制。众多发行人两边同时申报，若某一个交易所批不下来，另一个交易所很可能已经批下来了。这是一种监管套利，有点"买彩票"的思维。一个发行人往往手上拿了两个批文，但并不一定全都会发行。后来监管层感觉到了其中的问题，即发行人和券商会存在侥幸心理，甚至降低对项目的相关要求，而且同时占用了两所的监管审核资源。为了避免浪费，毕竟审核也需要众多的成本（审核员审一个项目往往需要占用若干天时间，审核会议参会人员也需要一定的人手，后续还有诸多流程），中国证监会债券部会同各交易所商量，统一了相关标准，要求同一发行人在两所不能同时申报同一品种的债券项目。最近，证券交易所也在推动“知名成熟发行人”（储架发行）发行公司债券，相关政策对此类发行人可能略有调整，具体以相关监管部门的意见为准。

○ **问：**发行人有一个私募债项目，想同时在交易所和报价系统申报20亿元，共40亿元，最终的发行场所和规模根据市场的情况确定，总发行量不超过20亿元，不知是否可行？

● **答：**本想只喝一碗豆浆，为什么要“买两碗倒一碗”？我建议发行人应节约相关各方的监管资源，降低整体的社会成本，也少给自己添麻烦。另外，监管层也比较关注市场的监管套利行为。

○ **问：**在证券交易所，公司债券项目电子申报系统在交易所工作人员下班后会关闭吗？还是说这个电子系统会24小时工作？

● **答：**目前，为了方便大家申报项目，证券交易所项目申报已经实现了全程电子化，申请材料的受理、意见反馈、反馈意见回复、审核结果均可通过证券交易所专区进行操作；承销商申报项目可实现异地提交，不用关心地理上的距离问题。这个申报系统只“吃电”，不受《中华人民共和国劳动法》《中华人民共和国劳动合同法》的保护。如果你半夜提交，那么电子系统好像也会在半夜给受理人员发短信提示，可能会影响他们的睡眠质量（因为在你提交一个项目后，系统会实时给相关工作人员发短信，工作人员在夜深人静的晚上会稍微紧张一下）。

○ **问：** 发行人全资子公司持有的上市公司流通股份，将在几个月后转让至发行人名下，发行人可否以该部分股份为标的发行可交换公司债券？可否在股份转让前提前申报材料，并承诺一定办理股份转让？

● **答：** 我们应该在有了娃之后，再探讨“娃娃亲”之类的事情。即使现在承诺以后一定会生娃，我们也会面临生活中的各种不确定性。若着急，你可以先以该全资子公司的名义去发行可交换公司债券。

○ **问：** 债券募集说明书要董事长签字，但他不在单位（在国外），能不能用“签名章”代替？

● **答：** 不行，要亲笔签名。签名实际上有重要的法律意义，是重要的意思表示方式。“签名章”容易被冒用、盗用，有些公司领导的签名章管理并不严格，潜藏着风险。未来，规则上是否会适当放松，具体要看监管部门的相关意见。

○ **问：** 发行人成立于2018年12月，能不能发行私募债？

● **答：** 发行人一般要有两年的审计报告，另外要避免一种特殊情况，即“除夕出生，大年初一就算两岁了”（这样会浮夸得吓人，投资人对发行人资信进行判断将缺乏数据体量的支撑）。

○ **问：** 向证券交易所申报私募债项目，交易所会不会收费？

● **答：** 在私募债核对过程中，在一般情况下，发行人或主承销商可不去交易所，最后的封卷材料可邮寄给证券交易所，而证券交易所出具的无异议函也可邮寄给发行人或主承销商。证券交易所从头到尾不收一分钱，还要搭一个“快递费”。证券交易所竟然一直拒绝采取“到付”的方式邮寄无异议函，因为它认为出得起这个钱，要点点滴滴服务好实体经济。

○ **问：**为什么发行人财务报告的有效期是六个月？

● **答：**若是拿一年前的体检报告去办入职手续，用人单位一般是不会认可的。对于半年之内的体检报告，用人单位一般还是会认可的，除非有特殊要求。

○ **问：**全民所有制（国有独资）企业是否可以发行非公开私募债券？

● **答：**第一，全民所有制（国有独资）企业的企业名称若带“公司”字样，则需要公司律师的同意和支持；第二，如果全民所有制（国有独资）企业发行非公开私募债券，《公司债券发行与交易管理办法》第十一条、第十三条等规定的条件就要做灵活处理；三是律师在发表发行主体合规意见时，需要运用他们的智慧来发表明确意见。

○ **问：**对于非公开公司债，发行人准备设计两个品种：品种一，3+2普通非公开公司债；品种二，5+*N*的可续期非公开公司债，客户规模AA+。（1）这样设计可不可行？（2）如果带回拨机制发行，某一品种没有募满，但是总额度募满了，算不算发行成功？（3）在极端情况下，发行人可不可能直接选择一个品种把另一品种额度占满发行，即事实上只发行了一个品种？

● **答：**一是目前可续期债试点要求主体和债项均为AA+，也请关注监管部门关于口径标准的相关变动。二是建议普通债和可续期债分别报项目，普通私募债的审核也相对较快。没有必要为了同时出发和同时到达，让高铁和飞机保持同样的速度。分开申报效率更高，否则很复杂，也容易造成投资者情绪紊乱。三是若可续期债先发，且达到计入权益的条件，那么净资产增加（如果监管部门允许）对后续发普通债反而可能是一种增信，可降低发行成本。

○ **问：**全资子公司的非公开债正在证券交易所反馈阶段，母公司（主要业务在该子公司）是否可以同时申报发行非公开债？是否有其他限制？

● **答：**在现实生活中，儿子买房，父子一起出去借钱凑首付，这虽属不得已的正常现象，但我们要关注其家庭总体的偿债能力——披露发行人及合并报表范围内子公司借钱行为的进展情况。

○ **问：**发行人主体为评级AA（展望负面）、无担保的非公开公司债，证券交易所会接收吗？

● **答：**私募债本身不要求评级，公司债券也没有强制要求担保，监管部门主要依靠负面清单对它们进行准入控制，而且负面清单也会动态调整。从市场的角度来看，投资者对发行人会有市场化的评价，并决定是否认同和投资；当偿债能力一般的发行人发行公司债券时，投资者可能会用脚投票。我们应多关注发行人的实际偿债能力。就像在生活中，虽说每个人均有表白的权利，但表白是否成功，那要依赖于恋爱双方的最终博弈。

○ **问：**发行人有一家子公司的收益权被银行质押了，对于发行私募债会有影响吗？

● **答：** 这可能影响到发行人的偿债能力，而且相关资产受限情况会被充分披露。生活中，在你对外披露你的工资卡已上交给媳妇后，当你与朋友吃饭时，朋友会心疼你，舍不得让你买单。当然，朋友可能也不大敢借钱给你，除非你的工资卡被“解押”了。

○ **问：** 一家公司的控股股东为国企，实际控制人为当地国资委，这样的公司非公开发行公司债需要国资部门的批复吗？

● **答：** 根据《公司债券发行与交易管理办法》第十一条，发行公司债券，发行人应当依照《中华人民共和国公司法》或者公司章程相关规定做出决议（主要通过股东会或股东大会决议）。若国资部门有“加码”规定，那么发行人也要进行关注和执行。人工智能“AlphaGo”（阿尔法围棋）虽然战胜了柯洁，但本质上还是背后实际控制人（人类）的胜利。我们要安抚好各方的要求和情绪，以情商最大化方式去处理各类事务，否则人类也可以让“AlphaGo”原地爆炸。

○ **问：** 一年期的私募可交换公司债券可以申报吗？

● **答：** 从相关规则文件来看，尚未有禁止性规定。一年期公司债券在规则里是允许的，加入了可交换公司债券的设计，也未尝不可，具体以监管部门的意见为准。

○ **问：** 如何设计公司债券的发行期限？期限是否可设计为一年以下？

● **答：** 公开发行公司债券的期限在一年以上；非公开发行公司债券的期限应该没有限制，可以是一年以内的短期限品种，也可以是一年以上期限的品种。我们需要关注发行人偿债时间很快到来的事实，做好相关流动性安排，年初发的债，均要过年关啊。期限短，常不解渴，但利率成本往往会比较低。

○ **问：**发行人想报一个私募债项目，申报额度大小方面要注意什么？

● **答：**要注意申报额度与发行人资产、现金流等综合偿债能力的匹配性，还要考虑申报规模对债券销售难度、票面利率等方面的影响。简单地说，我们不要尝试把公交车开进小客机肚子里（小客机装不了公交车）。

○ **问：**如果发行人的利润非常难支撑申报发债规模的利息（比如净利润只有几百万元，申报20亿元规模），但已确认了意向认购资金，那么发行人可以非公开发行公司债吗？

● **答：**一是关注发行申报匹配度的问题。二是关注存续期还本付息资金来源安排。当一个人工资只有1万元，要应对8万元/月的按揭时（如按揭别墅），别人估计都不敢借钱给他。三是审核不会太关注是否已有认购意向。债券属于标准产品，一手投资人可以进行转让，后续因交易而接手的投资者均需要受到保护，因此审核要求不会降低。就像计划生二胎时，你跟媳妇说“放心生，已经帮你找好月子会所了”（也仅是存续期一两个月的保障），但媳妇更关注的是娃生下来后漫长养娃岁月的相关安排，特别关注工资或收入是否仍是“固定收益”。

○ **问：**若计划于2019年12月申报一期公司债券，债券名称是否可以命名为“××公司2020年非公开发行公司债券”？

● **答：** 一般关系不大，注意各个文件之间的一致性。为未出生的孩子先取好名，而且确定是“2020年”出生，这应该算是正常的可预见的行为。

○ **问：** 由于发行人的原件份数不够，作为申报材料之一的审计报告，可以用复印件加盖发行人骑缝章吗？

● **答：** 可以由律师鉴证，证明原件与复印件的一致性。只有发行人的盖章应该不行，因为其中牵涉发行人的自身利益。就像小时候，我跟我爸爸说“期末成绩单的分数是班主任老师亲自改的”，他都很聪明地选择不信，并且会很过分地采取制裁措施或诉诸武力。就像原告言辞的证明力，经常比不上独立第三方的证词。

○ **问：** 省级棚改的项目申报能用模拟报表申报私募债券项目吗？发行人2018年4月成立，不到两年。

● **答：** 对于私募公司债，发行人一般要提交两年的审计报告，报告内容包括发行人旗下公司的存续年限、占比等情况（具体以监管部门的意见为准）。例如，由一帮老戏骨（相当于发行人子公司）组成的话剧团（新公司、发行人），哪怕话剧团成立时间短，仍然会得到观众（投资者）的认可；但若是一群出道不到两年的小鲜肉组成的话剧团，那么观众不一定会买他们的账。

○ **问：** 当公司债发行人更换会计师事务所时，募集说明书后面的声明需要两家会计师事务所盖章，还是附最近一年审计的会计师事务所的章即可？

● **答：** 目前的要求是，前后两家会计师事务所均要声明。相关义务和责任通过声明加以明确，是审计报告和募集说明书内容“一致性”的判断标准。在实践中，有些发行人和前一家会计师事务所已经不能愉快地合作了，或者双方已经表示不再是朋友，因此前一家会计师事务所此次盖章的要价会比较高，但目前规则要求没有变化。我们应多关注监管部门的要求是否会发生相关变化。

○ **问：** 发行人已申报了一个公司债，拟减少发行额度，需要把所有的承销协议、受托管理协议等协议材料在封卷时更新至新的额度吗？原来的承销协议、受托管理协议、董事会（股东会）决议写的都是不超过 × 亿元。

• **答：** 原来的项目文件制作已考虑到了规模的弹性问题，现有的表述也不会与实际规模相冲突，均在总额度范围内，可以不用修改。就像一辆车有能力跑到120公里/小时，但并不妨碍它只跑80公里/小时，但反过来就不行了，车子可能会散架。

○ **问：** 如果上市公司在境外发行了债券，那么该债券会不会占公募可转债的发行额度？

• **答：** 据了解，旧的口径是：无论债券性质、发行地点如何，只要是一年以上的债券都占可转债的额度。但是，2019年7月5日，证监会发布了《再融资业务若干问题解答》，新的口径为：（1）发行人公开发行的公司债及企业债计入累计债券余额；（2）计入权益类科目的债券产品（如永续债），非公开发行及在银行间市场发行的债券，以及具有资本补充属性的次级债、二级资本债，不计入累计债券余额；（3）累计债券余额指合并口径的账面余额，净资产指合并口径净资产（该口径主要是把已公募发行的公司债及企业债计入债券余额）。

○ **问：** 如果存续期债券发行人的2018年年报尚未披露，那么发行人可以提前在新项目的申报材料中使用该年报吗？当然，发行人会尽量保证最小范围的人知道。

● **答：** 在未披露的年报中，有些内容尚属内幕消息，而项目一旦申报到专区，便会扩大内幕信息知情人的范围。因此，未披露的年报不宜在新项目的申报材料中展示。

○ **问：** 如果发行人2018年年报净资产没有公募额度，2019年1月增资后有额度了，那么在用2019年一季报作为最近一期财务报表申报时，一季报要经审计吗?

● **答：** 根据规则，发行人的季报不要求审计。期末考试（年报）成绩单一般要送给家长审阅（审计），随堂考试成绩单（季报）一般不要求家长审阅。具体以监管部门的意见为准。

○ **问：** 私募债与公募债之间会相互占用规模吗?

● **答：** 私不占公，公不占私。公募债的发行规模不能超过发行人净资产的40%，纳入计算口径的只有公募债；私募债作为非公开发行的品种，本身并没有明确的额度限制，不像公募债不能超过净资产的40%，私募债最主要的限制是四个字——“偿债能力”。同时，2019年12月28日，第十三届全国人大常委会第十五次会议审议通过了修订后的《中华人民共和国证券法》，删除了40%的相关规定。我们需关注相关行政法规和部门规章对此进行的规定。

○ **问：** 处于重大重组停牌阶段的上市公司发债，目前有啥限制？

● **答：** 在一般情况下，公司应披露预案并在复牌后推进发债事宜。如果你娶媳妇时恰好要找人借钱，你便可以告诉对方你要娶的人是什么样的，即展望一下未来的幸福生活。当然，复牌也表示信息披露基本完毕，市场对债券也会做出反应。

○ **问：** 私募可交换公司债券有最低发行规模的要求吗？1 000万元能否正常挂牌转股？由于定向发行，首期规模较小，后期规模会比较大。

● **答：** 规则上应该是允许的，但成本上有些不划算。在连续剧中，父母辛苦准备了一桌子的菜，却说了一句不中听的话，结果儿女只夹了一筷子就说“我不舒服，不吃了”（发行量低），多浪费啊！如果我从深圳飞北京只买一瓶矿泉水，然后再飞回深圳，那么这一趟跑得太不值了。

○ **问：** 某公司想以2016年、2017年、2018年以及2019年一季报为报告期发行小公募公司债（2019年1月增资以后才有公募额度）。因为2017年年报和2018年一季报都在2019年4月才公布，如果提前召开董事会的话，那么一季报的净资产数还未最终确定，发债额度不准确。在董事会决议时，该公司可否按最新的2月财务数据预估一个发债金额（如70亿元），并以最终不超过未来披露的一季度末净资产的40%进行兜底？

● **答：** 应该问题不大。如果你答应这个月工资全给老婆，大概1万元且不超过1万元，而月底实际只发了9 000元，那么口头协议仍然有效——你在实际履约时，只需或只能转账9 000元。同时，我们要关注未来规则中是否有“40%”的指标规定，因为《中华人民共和国证券法》(2019年)中删除了该指标，授权给国务院另行规定了。

○ **问：** 发行人因前次公司债券批文过期未能成功发行，现在拟再报，是否需要在募集说明书的相关章节披露前次债券无异议函过期未能发行的事项？

● **答：** 最好能适当说明，以免被误认为还有私房钱（批文）未拿出来花。某次在银行办事，我无意中听到两位中年妇女在聊天。一妇女说她老公爱打牌赌小钱，她老公没钱了就会来找她要，但她不会马上给，得等她老公“哭天喊地”了才给（那说明他真的没有私房钱了）。她强烈谴责她老公的这种赌博行为。

○ **问：** 上市公司作为发行人，利润分配方案尚未实施，能否发行公司债券？

● **答：** 披露利润分配方案和具体实施是有具体流程的，如属于正常的未实施，应该不影响公司债券的发行。但对于因存在重大风险而导致无法实施利润分配的企业，我们需要关注其发行条件、偿债能力等事项。

○ **问：** 上市公司刚发行了可转换公司债券，准备筹划发行小公募公司债。此时，可转换公司债券是否占用小公募额度？

● **答：** 占的。深圳证券交易所2016年发布的《债券业务办理指南第1号——公开发行公司债券上市预审核、发行及上市业务办理》规定：“累计债券余额原则上以债券面值为准，对于可转换公司债券、可交换公司债券等股债混合型品种，其账面价值与面值差异较大的，可以债券账面价值为准。”可转换公司债券在转股之前仍然是“债”。例如一个男人想变性为女人，在做变性手术之前（可转未转时），他仍然占用人世间男人的一个指标。

○ **问：**在实体企业中，子公司存在被集团（母公司）占用资金的情况（其他应收款达几十亿元），子公司能否申报公司债？

• **答：**对于整天被家长拿走压岁钱的孩子（发行人），投资者要关注其后来向外部借钱的必要性和合理性（募集资金的必要性和合理性），其他应收款收回的可能性和时间安排，以及未来压岁钱会被家长继续任意拿走的可能性（公司治理情况、程序、内控等）和偿债能力——投资者会有诸多忧虑。

○ **问：**如果发行人的子公司获得了小公募公司债的批文但未发行，那么母公司后来申请发行小公募需要扣除子公司这个未发行的额度吗？

• **答：**母公司发行债券需要披露合并范围内子公司潜在可能发行债券的情况。从合规性角度来看，尚未出生的宝宝（已拿了小公募批文）不计入家庭成员人数（独立呼吸说）。但在母公司项目审核过程中和发行前，若子公司完成了发行，那么母公司发行债券需扣除子公司的发行额度，且该额度不能超净资产的40%。具体以监管部门的意见为准。

○ **问：**在IPO排队期间，发行人能够发行公司债券吗？

• **答：**在IPO排队期间，发行人要尽量保持股权不变，若股权变更则有点麻烦，但债权完全可以改变。例如，银行贷款、发行公司债券等均可以改变债权，发行人只需考虑相关财务成本、中介成本的增加问题。在IPO排队期间，发行人渴了，也是要喝水的（融资发债、贷款等），只是最近排队速度快了，而且还有了注册制下的科创板。

○ **问：** 公司债券项目申报实现全程电子化了吗？

● **答：** 目前，公司债券项目申报已经实现了全程电子化，减少了纸张的使用，奉行的是“能少砍一棵树，就少砍一棵树”的绿色原则。证券交易所的公司债券项目申报、受理、反馈、反馈回复等均已实现电子化，进展情况也可以在网上查询。除非有特殊情况，否则小公募的发行人只要跑一趟交易所（封卷+拿批文），私募债的发行人一趟也不用跑（封卷材料邮寄+无异议函邮寄）。

○ **问：** 由于时间仓促，某个公司债项目的申报材料质量一般，一般会有什么结果？

● **答：** 保证项目材料的质量是发行证券的基本要求，否则项目可能会审得很慢——可能会有多次反馈。据了解，在个别债券项目材料中，信息有出入、有遗漏，避重就轻，错别字多，就连联席主承销商的名字都写错。我碰到过一个实际的案例：材料中的“故事证券公司”写成了“事故证券公司”。我们应多投入一些人力，多核几遍再提交项目材料，这样往往可以加快项目的审核进度。

○ **问：** 怎么评价现在公司债券加强监管的情况？

● **答：** 任何事物的发展，都是一个逐渐完善的过程，总体趋势是向好的。

没有什么事物的发展从头到尾都是好的，或者从头到尾全都是不好的，公司债券市场也一样。成长中的小孩，引导得好，就能成为栋梁之材；引导得不好，就可能变成社会的蛀虫。从长远来看，越是规范的公司，越能在资本市场走得更远。

○ **问：**在公司债报告期内的前两年，申报材料是A所审计的，第三年的申报材料是B所审计的，那么申报材料是否一定需要A所出具募集说明书声明？

● **答：**三年审计报告不是连审的（三年由不同会计师事务所审计），B所没有义务也不敢对A所前两年的审计报告承担责任，所以责任自负，A、B所分别对相应年份出具声明和签字盖章。若审计有问题，原则是“谁吃了坏东西，谁负责拉肚子”，别人吃了坏东西，你并不用帮着拉肚子。目前，在募集说明书加入会计师事务所的声明和签章过程中，经常出现A所不配合（发行人换了B所，导致A所心里流血）或加收费用等情况。或许规则未来会有所变通吧！

○ **问：**有传闻说，“监管层已经暂停所有交易所私募债上报审批”“等待监管层发布新的私募债规定”，这是不是真的？

● **答：**《公司债券发行与交易管理办法》规定，公司债券可以公开发行，也可以非公开发行。私募债券作为规则允许的一个品种，并没有理由暂停其为实体经济融资的功能，私募债券现在仍然正常受理、审核、发行、挂牌。坊间的一些传闻，其背后的逻辑可能是：某人感情受挫，就表示永远不相信爱情了，但他（她）后来还是会结婚的。另外，有传闻说，我们不要和“现任”去看《爱乐之城》（讲的是“前任”的故事），不然对方哭也不是（想起往事），不哭也不是（电影稍稍感人）。但我认真看了之后觉得，《爱乐之城》类似《新白娘子传奇》——演着演着就唱起来了。因此，带着“现任”看《爱乐之城》并无不妥。

○ **问：** 债券相关单位在防止公章造假方面有什么实用的办法？

● **答：** 10年前，我在读博士研究生时，偶尔接点法律咨询的业务以赚取生活费。有一次，我碰到一件很新奇的事。一位公司的老板拿小刀把自家公章“有限公司”的“有”字挖掉一横。不知情的人根本看不出门道，而公司领导一看就知道公章的真假。

○ **问：** 发行人若在失信被执行人名单中，可否在“原汁原味”充分披露后通过审核？

● **答：** 若有失信的记录，可能够呛，具体可见国家发展改革委、最高人民法院等44家单位联合签署的《关于对失信被执行人联合惩戒的合作备忘录》。大家喜欢吃“原汁原味”的天然食品，但有一种东西“原汁原味”就不好了，那就是“干锅肥肠”。

○ **问：** 怎么看懂一些债券项目反馈意见的实际含义？

● **答：** 证券交易所的反馈意见，有时也会说得比较委婉。例如，证券交易所在反馈意见中要求发行人说明募集资金的必要性，可能意味着你有大量的其他应收款未收回，抑或有一些自有资金买了理财产品，或者账上有大量现金，等等。发行人需要说明募集额外资金真的有必要，要证明这个结论成立。若反馈意见问发行人募集资金的合理性，可能涉及发行人的偿债能力或申报规模问题，发行人则要注意发行规模与偿债能力相匹配。在日常生活中，别人用微信跟你说“晚安”，可能意味着说他（她）要开始玩手机了，互相不要再吵对方了。对于一些委婉的话，我们要听得懂。

○ **问：**扶贫专项债和一般公司债券，可以同时申报吗？

● **答：**“同公同私”（两个项目要么同是公募债，要么同是私募债）可以同时申报，不受“吃完这一碗，再打第二碗”的限制。扶贫，通常会给发行人带来一定的负担或利润减少，这时往往需要其他业务的源头活水来注入。一公一私，更可以同时申报。

○ **问：**中国证券业协会在2018年5月11日发布了修订后的《非公开发行公司债券项目承接负面清单指引》，其修订的主要内容是什么？

● **答：**非公开发行公司债券项目承接实行负面清单管理，承销机构项目承接不得涉及负面清单限制的范围。中国证券业协会在2018年5月11日发布了修订后的《非公开发行公司债券项目承接负面清单指引》，此次修订的主要内容包括以下方面。一是监管变得严格了，负面清单有所放大。对于发行人财务会计文件存在虚假记载或公司存在其他重大违法行为的禁止发行债券时限延长。原来的表述是“最近12个月内公司财务会计文件存在虚假记载，或公司存在其他重大违法行为”，修订后的表述为“最近24个月内公司财务会计文件存在虚假记载，或公司存在其他重大违法行为”，时间延长了一倍，对发行人要求更高。同时，修订后的《非公开发行公司债券项目承接负面清单指引》将最近6个月内因违反公司债券相关规定被证券交易所等自律组织给予纪律处分的发行人纳入负面清单（此前旧的负面清单并没有这一项内容），增加了证券交易所自律监管的威慑力，为证券交易所提供更多的“监管弹药”。二是将前期各方的监管实践以及政策文件明确的相关监管要求纳入负面清单，进一步增加公司债券发行监管的规则基础。例如，新增“因严重违法失信行为，被有权部门认定为失信被执行人、失信生产经营单位或者其他失信单位，并被暂停或限制发行公司债券”等内容。三是强化对债券募集资金的规范管理，防止“脱实向虚”，引导资金进入实体经济，尤其是在国家产业政策鼓励的领域，增加一项负面清单为“除金融类企业外，本次发行债券募集资金用途为持有以交易为目的的金融资产、委托理财等财务性投资，或本次发行债券募集资金用途为直接或间接投资于以买卖有价证券为主要业务的公司”。此外，进一步明确发行人重要子公司存在负面清单相关条款规定情形的，视同发行人属于负面清单范畴，即对于最近一年经审计的总资产、净资产或营业收入任意一项指标占合并报表相关指标比例超过30%的子公司存在负面清单第（一）条至第（七）条及第（十一）条[①]规定情形的，视同发行人属于负面

① 《非公开发行公司债券项目承接负面清单》第（一）条至第（七）条及第（十一）条内容如下。（一）最近24个月内公司财务会计文件存在虚假记载，或公司存在其他重大违法行为。（二）对已发行的公司债券或者其他债务有违约或迟延支付本息的事实，仍处于继续状态。（三）存在违规对外担保或者资金被关联方或第三方以借款、代偿债务、代垫款项等方式违规占用的情形，仍处于继续状态。（四）最近12个月内因违反公司债券相关规定被中国证监会采取行政监管措施；或最近6个月内因违反公司债券相关规定被证券交易所等自律组织采取纪律处分。（五）最近两年内财务报表曾被注册会计师出具保留意见且保留意见所涉及事项的重大影响尚未消除，或被注册会计师出具否定意见或者无法表示意见的审计报告。（六）因严重违法失信行为，被有权部门认定为失信被执行人、失信生产经营单位或者其他失信单位，并被暂停或限制发行公司债券。（七）擅自改变前次发行公司债券募集资金的用途而未做纠正。（十一）存在严重损害投资者合法权益和社会公共利益情形。

清单范畴。负面清单内容的全文，可以在中国证券业协会的官网上找到。

○ **问：**某债券发行人因为挪用募集资金，被当地证监局责令改正，那么现在发行人还能继续发行私募债吗？

• **答：**根据中国证券业协会发布的《非公开发行公司债券项目承接负面清单》（2018年5月11日）的第（四）条“最近12个月内因违反公司债券相关规定被中国证监会采取行政监管措施；或最近6个月内因违反公司债券相关规定被证券交易所等自律组织采取纪律处分”，此种情况下的发行人不能发行私募债券。当地证监局属于中国证监会的派出机构，其“责令改正”要求属于监管措施的一种，因此发行人一年内不能发行私募债，哪怕有尚未到期的批文。若有劣迹，必有后果。

○ **问：**公司债券发行人（非证券公司）因挪用募集资金而违反了《非公开发行公司债券项目承接负面清单》第（四）条，被当地证监局“责令改正”，受托管理人是A证券公司。那么A证券公司本身要发行私募债，需要间隔12个月吗？

• **答：**不用。对于证券公司因未履行受托管理职责被中国证监会或证监局采取监管措施的，不属于《非公开发行公司债券项目承接负面清单》第（四）条规定的范畴；对于证券公司作为发行人违反《公司债券发行与交易管理办法》被中国证监会或证监局采取监管措施的，则属于第（四）条规定的范畴。通俗地讲，学生宿舍被盗，应该被抓起来的是小偷，而不是宿管阿姨（受托管理人），除非宿管阿姨自己是个小偷。

○ **问：** 发行人于2018年4月获无异议函，即刻发行债券。此时，发行人该遵循修订后的《非公开发行公司债券项目承接负面清单》，还是修订前的《非公开发行公司债券项目承接负面清单》？

● **答：** 私募债负面清单在一般情况下实行新老划断。关于新旧负面清单的执行，以出具无异议函时点为准，已按旧版负面清单取得无异议函的，原则上发行不受新版负面清单的影响，可按旧版负面清单进行核查，即按照"法不溯及既往"的原则进行处理。但是，在审项目及新受理项目均要按照修订后的清单执行。具体以监管部门的意见为准。

○ **问：** 发行人打算申报小公募，若非经营性往来占款余额超过合并报表总资产的5%，申报有什么障碍吗？

● **答：** 目前，如果小公募的非经营性往来占款余额超过合并报表总资产的5%，那么发行人应出具债券存续期内不新增非经营性占款余额的承诺，并要在募集说明书中列明具体可行的办法和措施，且要说到做到，信守承诺。

○ **问：**《上海证券交易所公司债券预审核指南（一）申请文件及编制》里关于重大违法行为的界定是："发行人最近三十六个月内发生其他重大违法行为的，按照法律法规规定并经监管部门做出限制发行债券的监管决定且在限制期内的，本所不接受其发行公司债券的申请文件；法律法规和监管部门未限制其发行公司债券的，发行人可在申请文件中披露相关情况。"如果发行人的子公司存在疑似重大违法行为（尚未完全确定），该子公司总资产占发行人的17%，净资产、营业收入占发行人的10%左右，那么是否影响申报？

• **答：**承销商和发行人的律师应当查阅相关行业主管部门门户网站，对发行人是否在工商、税务、海关、土地、环保、安全生产等方面存在重大违法行为发表明确意见。该等违法行为指的是已做出相关处罚决定的违法行为，如发行人的重大税收违法行为。该子公司总资产、营业收入、净资产均未超过发行人的30%，在发行人这个“大家族”里的影响力比较有限。虽然我们要关注疑似重大违法行为事项，但目前来看该影响有限，子公司可继续申报，不过要充分披露，还要及时跟踪监管部门相关监管要求的变化情况。

○ **问：**上市公司的实际控制人被刑事处罚未满五年，是否影响上市公司的公司债发行？

• **答：**发行条件目前没有此项要求，但审核人员会关注该事项（如对发行人相关影响是否消除），实质上关注的是发行人的偿债能力。例如，平时爷爷对孙子（发行人）有重要的支持行为，极其疼爱，但爷爷几年前干过一件失去人身自由的事情。针对这种情况，我们就要适当评估一下此事对孙子后续发展是否会造成影响或造成的影响是否已消除。公司债券还是离不开“偿债能力”这四个字，如2019年7月爆出的“某董事长涉嫌猥亵女童”案件，对于发行人的偿债能力就会有较大的影响。

○ **问：**此前，几部委联合发文惩治失信人，如果子公司被列入失信人名录，是否会影响母公司发债？

• **答：**从责任自负原则的角度来看，母公司和子公司属于不同的法律主体。但是中国证券业协会发布的《非公开发行公司债券项目承接负面清单指引》规定，对于最近一年经审计的总资产、净资产或营业收入任意一项指标占合并报表相关指标比例超过30%的子公司存在负面清单第（一）条至第（七）条及第（十一）条规定情形的，视同发行人属于负面清单范畴。

○ **问：** 同一债券发行人，有一个小公募债券方案，也有一个私募债券方案，均通过董事会和股东会决议，可以同时向不同的交易所申报材料吗？

● **答：** 我更关心的是，同一天出生的“双胞胎”为什么要上不同的“幼儿园”（接送成本高了）？当然，若发行人真的要上不同的“幼儿园”，好像也没有禁止性规定，但两个项目要互相披露申报的进展情况。

○ **问：** 因涉及一年发债间隔期，我在判断“重组交易完成的时间”时存有以下疑惑：发行人的重大资产重组（借壳上市）导致上市公司实际控制人变更——2017年已完成置出资产的工商变更，实际控制人已变更，但是配套的增发股份于2018年完成。那么，怎样确定此次重大资产重组的完成时点呢？

● **答：** 重组完成时间的判断标准如下。一是上市公司本身会发布重组实施完成公告。二是配套的增发股份于2018年完成，要区分以下情况：配套增发股份是指配套募集资金还是发行股份购买资产的那部分股份？如果是前者，不影响重组实施完成，“抽脂”或“增肥”已在增发股份前完成；如果是后者，则“抽脂”或“增肥”正在进行，将影响重组完成时间。公司债券比较关注重组导致体重（偿债能力）不稳定的情形。

○ **问：** 有一家上市公司因2017年审计报告重大差错收到了省证监局警示函，后发布更正公告完成整改。该公司拟申报小公募，会不会受到此事件的影响？

• **答：** 该问题需要结合差错的重大程度来进行个案分析，尤其是对偿债能力的影响。具体以监管部门的意见为准。

○ **问：** 一家企业的小公募储架公司债已经在证券交易所封卷，目前在证监会审批，已经定了两家主承销商，能否在发行前额外增加第三家证券公司作为联席主承销商？是否需要证监会批？

• **答：** 小公募在拿了批文之后，一般就不能再增加主承销商了。另外，项目处于审核中，报到证监会后，在出批文之前，此时增加主承销商好像还没有先例，可与监管部门沟通。在小公募审核工作中，大部分的工作在证券交易所的预审核阶段完成。报到证监会后的项目要增加主承销商，会有些麻烦，因为项目像“夹生饭”一样，可能不好下口。

○ **问：** 资金若是用于相关项目的，为什么募集说明书里要说明发行人目标项目的总投入、进展、后续资金来源等情况？

• **答：** 在电影《流浪地球》里，那么多的“行星发动机”每天燃烧、喷射，这需要消耗太多的能量。我一直在想：这些能量来自哪里？地球流浪的距离都是按光年计算的，地球能撑得住这么巨量、长期的消耗吗？所以在行程开始时，我们应当计算好整个行程所需的后续力量。

○ **问：** 目前证券交易所对影视公司发债融资有限制吗？

- **答：**针对影视公司发行公司债券，证券交易所并没有特殊的政策。只要有会计上承认的净资产及偿债能力，原则上就有借钱的基础和权利。另外，如果某部大卖的电影进行了股权融资，那这是多么贵的融资啊！若当时进行了公司债券融资，那么这笔融资是很划算的，因为在发行公司债券时，我们可以在发行时点就预见到未来已经定量的所有成本。所以，对于一个剧本，当投入大量心血背水一战时，并且预见到了大卖，我们就可考虑进行“成本可控型”的债权融资了。

财务报告有效期问题

○ **问：**在公司债报告期内，前两年的审计报告由A会计师事务所出具，本年度因A会计师事务所被处分而换了B会计师事务所。更换后的B会计师事务所需要对近三年的会计报表重新审计吗，还是只需要审计本年数据？

- **答：**原则上A会计师事务所前两年的审计报告仍然可以继续使用，但要注意被处分的时间界限，看处分的事项对后续申报是否有影响。

○ **问：**私募债申报，要有两年一期的财报（公募债是三年一期），发行人能否以“10月31日”作为一期的财报进行申报？

- **答：**记得上学时，单元考试不一定能反映学生的实力和水平，期中或期末考试才更有意义。“一期”有严格的法定含义，以“10月31日”作为一期的财报进行申报一般不被允许。财务报告这种格式化的文件有其自己的规矩。

○ **问：** 能否以12月31日的数据（未经审计）申报公司债券，否则等年报审计完仍需等待一段时间？

• **答：** 在公司债券方面，12月31日的数据是需要审计的，9月30日的财务数据可以不审。俗话说："跟女朋友交往，一年总要给她过一次生日吧！"否则，就有些过分了。

○ **问：** 如果我们将很多存续多年的公司资产注入一家新设立的公司，那么该公司可否用模拟的最近三年审计报告申报公募债？

• **答：** 根据《中华人民共和国证券法》和《公司债券发行与交易管理办法》，公募公司债发行人要有三年的审计报告。别人只是"入戏太深"，你这是"人生如戏"或"全部是戏"了，模拟时间有点太长了。

○ **问：** 非公开发行公司债券财务报告的有效期一般为6个月，特别情况下的发行人可申请适当延长，但至多不超过一个月。目前，上市公司年报已于2019年4月末进行披露，是否可以适用"6+1"，即在2019年4月中旬以2018年9月30日财务数据进行申报？

• **答：** 不可以，申报时的财务报告要在6个月有效期内，只有审核、发行过程中的财务报告适用"6+1"。具体以监管部门的意见为准。

○ **问：** 由于公司债券发行人的年报要4月30日才能出具，发行人在4月份中上旬申报时，能否用三年（最后一年未经审计）及上年9月30日一期的报表，并申请财报有效期延期一个月？

• **答：** 发行人发行公司债券的财务报告的有效期是6个月，在审的或是要发行的才可以申请财报有效期延期一个月（申请还有一定的条件，申报前已经过期了的不行，见沪深证券交易所官网专区的《关于公司债券财务报告有效期及期后事项有关事项的通知》)。例如，我们小区理发店一般在晚上10点关门，我若10点之后去理发（过期了），肯定没戏；若是9点多去理发（受理后），哪怕到了10点，他们也会将我的头发理完，不会在10点时理一半就把我赶出门。

○ **问：** 目前，发行人在3月31日前还是3月20日前可使用上年9月30日的报表申报新项目?

● **答：** 发行人新申报面向合格投资者公开或非公开发行的公司债券，财报存在有效期这一概念，应满足财务报表6个月有效期的要求。2019年3月31日前，用2018年的三季报即可申报，但发行人最好别等到最后一天才申报（万一有什么其他问题，还来得及修改，别把自己逼得这么紧），正所谓“如果有什么需要明天做的事，最好现在就开始做”。另外，如果3月31日是周末，那么最后一天截止日应为3月30日（工作日)。

○ **问：** 发行人用的是企业会计制度，不是新会计准则，也经过了证券资格审计，可否发行私募公司债?

● **答：** 据了解，暂时不可以。若不能“车同轨，书同文，行同伦”，发行事宜将非常费事。根据此前的实践，只有全民所有制企业有这样的先例。

○ **问：** 成立两年以上（如2016年6月成立）的发行人，2019年年初使用2016年、2017年、2018年三年年报可以发行公募债吗?

● **答：** 应该可以，发行人这样至少有三个审计报告了，即使第一年的审计报告是不完整的。

○ **问：** 发行人准备发行公司债券需披露三年（2016年、2017年、2018年）的财务数据，会计师需发表声明。2016年及2017年的审计报告由甲会计师出具，2018年的会计师变更为乙。乙会计师发现了会计差错，对以前年度财务数据进行了追溯，并根据原来的审计报告及会计差错调整公告出具了三年连审的审计报告。发行公司债券由乙会计师发表声明，这样是否合规？

● **答：** 可以。有人做了事，并声称“对此事负责”，这应该就够了。

○ **问：** 对于投资性房地产科目的确认计量，小公募的审计报告引用的是一家无证券从业资质评估机构出具的评估报告，这符合公司债的要求吗？

● **答：** 不是债券抵质押物的评估，一般不做要求，虽然《公司债券发行与交易管理办法》第六条规定，债券募集说明书及其他信息披露文件所引用的审计报告、资产评估报告、评级报告，应当由具有从事证券服务业务资格的机构出具。这里的审计报告必须由有证券从业资格的总所出具，而资产评估报告指的是为本次债券专门出具的报告。为了免责，小公募的审计报告应进行风险提示。

○ **问：** 2019年5月，小公募可以2018年等三年年报数据上报吗？没有一期（一季度）的数据可以吗？

● **答：** 因为财务数据半年内有效，如果发行人已经在其他场所披露过一季报，受理该公司债券的证券交易所就会要求提供三年和一季报数据，否则容易出现信息披露不公平的问题——部分人知道该一季报信息，部分人没有注意到该一季报信息，容易损害不知情人的利益；没有披露过一季报的，提供三年年报即可。证券交易所的原则是："别人有的，我们也要有。别人没有的，我们也可以没有，但要注意有效期。"

审核中的千奇百怪事项

○ **问：**在公司债项目第一次反馈回复时，证券公司回复了大量的篇幅，为什么审核员仍然会觉得不够，要求第二次反馈？

● **答：**审核人员是通过集体决策方式确定反馈意见的，发行人、证券公司等中介机构，应当在规定时间内向受理部门提交反馈意见回复材料。反馈意见的存在，说明公司债券项目存在没有说清楚或需要补充的内容，否则未来还有可能被追责。当然，在证券公司回复意见时，关键是要答到点上，答得到位。老舍（舒庆春）所著的长篇小说《骆驼祥子》里有一句话："这世上真话本就不多，一位女子的脸红胜过一大段对白。"所以，信息披露贵在真实、准确、完整，回复到位最关键，话多不一定有用，多回复一些"干货"吧！

○ **问：**私募债反馈回复，要在出意见之日起15个工作日内提交。这个出意见之日是否包含在15个工作日内？

● **答：**从规则的科学性角度来看（法律经济学或制度经济学），我们坚持的原则是"谁能控制行为时间点，就算是谁的时间"，即时间的自主性。

券商无法控制“交易所的反馈意见”何时出来，因此出公司债券反馈意见之日不算在15个工作日内。

○ **问：** 一家企业的主要资产都在子公司，但子公司的股权全部由自然人代持（有代持协议），发债会存在什么问题？

• **答：** 也就是说，子公司的股东在书面上不是发行人，而是自然人股东，代为持有子公司的股权，对吧？在生活中，如果你（发行人）把房子写在别人名下，那么并表会有些困难，存在道德风险，而且外界也不相信你拥有这个房子。

○ **问：** 发行人为A，其股东为B，B的股东为C。C的股东（实际控制人）在2018年下半年发生重大资产重组，导致A的实际控制人发生变化。此时，A是否需要间隔一年才能发公募债？

• **答：** 发行人的“曾祖父”伤筋动骨，并不影响其“曾孙”（A公司）的肌体健康及偿债能力。除非“曾祖父”性情大变，要求发行人进行重大的经营方向转变。

○ **问：** 债券发行人如果存在未决诉讼（诉讼中的被告），但是诉讼金额比较小，是否会对公司发债造成影响？

• **答：** 投资者比较关注发行人的偿债能力，一旦涉诉的金额较大，对未来发行人还本付息将构成影响。若涉诉金额很小，就像被蚊子咬了一口，并不会造成发行人“贫血”。发行人应在募集说明书中披露相关诉讼信息，并针对偿债能力不受影响进行适当说明，不要有太大的压力。

○ **问：**子公司发公募债会占用母公司额度，那么母公司发公募债是否会影响子公司发公募债的额度?

● **答：**从合规的角度来看，这就像在中国传统家庭里，儿子负债，父母心烦，负债纳入家庭总负债额度（请关注国务院对该条件可能出台的新规定）。并表子公司的负债也纳进母公司的报表里，当然就占用了母公司的额度；但是，父母举债，儿子大可不管，其小家庭因此不会负重前行。母公司增加负债，并不必然导致子公司负债增加，因此子公司发行公募债券的额度一般不受影响，除非整体考虑偿债能力时（例如，母公司为子公司提供担保）。

○ **问：**如果某公司的并表子公司为平台公司（会影响某些指标的计算），那么该公司是否可以撇开子公司，单独以母公司作为主体发债?

● **答：**目前，根据中国的相关法律，"脱离父子关系"好像暂无法律依据。母公司要甩掉并表的子公司，实际上有些困难。子公司明明还在发行人的并表范围内，母公司没有任何理由不计算该子公司的收入，除非把子公司股权卖掉。身边有朋友偷偷生了二孩（当时二孩政策还没有放开），对外只能声称别人的小孩寄养在家里，小孩在外人面前也不方便喊"爸爸"和"妈妈"。多不方便啊！名正言顺、光明正大会比较节省精力。

○ **问：**在债券项目第一次反馈前（受理后10个交易日内），券商不能与审核人员联系、见面、沟通。为什么要设置这种"静默期"？

● **答：**自申请材料受理至首次反馈意见发出期间为"静默期"，证券交易所审核人员不接受发行人及相关中介机构来访以及其他任何形式的沟通交流。“静默期”就像期末考试老师改卷期间，老师并不会改一题就跑来告诉你这一题得几分，而会等总分出来之后一并告诉你。另外，发行人或主承销商也要主动静默。就像考试交卷后，你不能另附纸张再提交其他答案信息（另行披露其他信息），而应以当时交卷的答案（募集说明书等）为准。

在反馈意见函出具后，主承销商对反馈意见函有疑问的，可与审核人员在工作时间内通过电话、邮件、传真、会谈等方式进行沟通，这时已经不是“静默期”了。以会谈方式进行沟通的（小公募债和私募债），一般由两名以上证券交易所工作人员参与（不与主承销商单独见面），并在办公场所进行。审核人员对申请材料及反馈意见回复中不清晰的问题，可以通过上述方式询问发行人及中介机构相关人员，被询问人员应积极配合，如实、准确地回答相关询问，以促进项目顺利推进。

○ **问：**报告期为2016年、2017年、2018年，若发行人在2016年1月因收购部分上市公司的股份构成重大资产重组，全部手续在2016年2月办完，是否还需要出具重组前一年（2015年）的备考报表？

● **答：**根据审核要求，发行人需要提供最近三年的财务报告和审计报告及最近一期的财务报告或会计报表（截至此次申请时，最近三年内发生重大资产重组的发行人，同时应当提供重组前一年的备考财务报告和审计或审阅报告，以及重组进入公司的资产的财务报告、资产评估报告或审计报告）。债券投资者比较关注发行人在报告期内的相关情况，超过报告期的事项就不用再报告了，否则就像“超人”内裤外穿——多此一举，也穿错了地方。

○ **问：** 对于非公开发行公司债，发行人在发行前要提交《关于债券转让条件确认后是否发生重大变化的说明》。若为二期发行，发行人要披露的是“取得无异议函至今”还是“第一期发行后至今”的重大事项？

● **答：** 根据一般的常理和逻辑，第二期的投资者没有义务去看第一期的募集说明书等相关文件。第二期发行时的重大事项应涵盖从取得无异议函之后至第二期发行前，同时把第一期发行等情况也纳入其中。例如，生二胎时，你仍然要将生第一胎时遇到的重要状况告诉医生，以便医生进行综合诊断。

○ **问：** 有传言说，公司债以后将以上市公司发债为主，有这种可能性吗？

● **答：** 我觉得这是一种带有股票市场的思维，债券市场不一定适用该思维。2015年的公司债券新政，将上市公司发债扩展到所有公司制法人，这是一个巨大的进步。投行人员与实体经济均为之欢呼，尤其是做债券业务的投行人士。对于股债结合产品，上市公司及其关联企业发行公司债券，属于交易所债券市场的特色之一。投资者本质上关注的是发行人的偿债能力，与其是否为上市公司没有实质关系。以上属于个人意见，具体以监管部门意见为准。

○ **问：** 发行人进入诚信档案有哪些坏处？另外，发行人因替其他企业担保被法院列入了失信名单，还能发债吗？

● **答：** 审核人员将分别从财务和非财务角度对债券申报材料进行审核，并适时启动诚信档案查询程序。若发行人被人做了记号，有污点，实际上对发债是有影响的。我儿时常下军棋，若司令、军长等重要棋子的背部被做了记号，这副棋就不好玩了。

○ **问：** 上市公司的控股股东间股份转让导致实际控制人发生变更，如果此事项不涉及上市公司重大资产重组，那么上市公司发行小公募是否有间隔期的要求？

● **答：** 此处不涉及间隔期（一个会计年度）的要求。重大资产重组导致"家长"或"长辈"（实际控制人）发生变化，或者从不符合发公募债条件转变为符合发公募债条件的，才需要间隔一个会计年度。在结婚时（重大资产重组），发行人改口叫他人"岳父""岳母"（实际控制人变更），将导致偿债能力变化的问题，此时可能涉及间隔期（结婚一"役"，导致长期买不起贵东西、还不起信用卡）。因此，发行人本身重大资产重组，涉及体重增减问题，对偿债能力可能有影响。如果只是发行人的股东或实际控制人发生变动，且不构成重大资产重组，基本不影响发行人本身的存量发行。上市公司应充分披露相关变更信息，并说明实际控制人变更对发行人的影响。

○ **问：** 报告期内发生重大资产重组的发行人申请发行公司债券时，应同时提供重组前一年的备考财务报告以及审计或审阅报告。想请教一下，需要提供备考报表是出于何种考虑？

● **答：** 依靠发行人现有的会计报表，已不能对比分析重组前后的财务状况变化，所以审核人员要求在新的基础上往前编制备考报表，以知道"全新发行人"的前世及今生。就像相亲时，你想看看相亲对象的父母的性格及其家庭情况，此时上一辈就成了隔代的"备考报表"。但报告期之外的备考一般无须编制，就像相亲对象的爷爷、奶奶，你通常不用去考察。

○ **问：**为什么公司债券审核，要关注发行人是否存在集中偿债事项？

● **答：**在电影《流浪地球》中，人类用很多“行星发动机”推着地球往前走，离开太阳系。实际上，地球像一颗“生鸡蛋”，蛋壳薄，如果外壳局部受力太大，即局部压强太大，那么它会爆掉（里面可全是滚烫的岩浆啊）。所以人类才需要将“行星发动机”分布在很多地方，避免集中受力（集中偿债）。

资信评级的一些细节

○ **问：**为什么资信评级机构需要在发行人年报披露后，才发布公司债券跟踪评级报告？

● **答：**若不告诉算命先生你的“生辰八字”（年报），人家怎么“科学算命”（跟踪评级报告）？实际上，评级公司的很多跟踪评级信息来源于发行人披露的信息，若没有这些信息，后续的评级活动将难以进行。

根据规定，公募债券和约定聘请资信评级机构对债券进行信用评级的私募债券，发行人和资信评级机构应当于每一会计年度结束之日起6个月内披露上一年度的债券年度信用跟踪评级报告。这里统一规定为6月底前要披露债券跟踪评级报告，而不是“发行人披露年报后的2个月内披露跟踪评级报告”，便于监管机构和资信评级机构进行相关管理。

资信评级机构未能按时披露上一年度跟踪评级报告的，应当向证券交易所说明未能披露的原因、发行人及相关债券的风险状况。有时资信评级机构无法披露跟踪评级报告，与发行人没有披露年报有关。此时，资信评级机构要向证券交易所进行说明。

在资信评级机构开展跟踪评级调查时，发行人及其董事、监事、高级管理人员或者履行同等职责的人员、控股股东、实际控制人、相关专业机构及增信主体应当予以配合，积极提供评级调查所需的资料、信息和相关情况。

○ **问：** 资信评级机构在债券发行与存续期过程中，可以发挥什么作用？

• **答：** 根据《中华人民共和国证券法》《证券市场资信评级业务管理暂行办法》《证券资信评级机构执业行为准则》等相关规定，在证券交易所上市交易及转让的债券、ABS以及其他固定收益或者债务型结构性融资证券均有可能与评级相关。目前，公募债券必须有评级；私募债券是否评级由发行人及券商自己定，可评级，也可不评级。债券评级是对发行人和债项进行的“全身体检”，可以进一步提高发行人的透明度，并能展望发行人及债项的未来前景，还能根据境况的变化，不断调整对未来的预期。相比之下，ABS项目评级，往往较关注局部，不用做全身体检。

○ **问：** 私募债发行人做了主体、债项评级，但是没有跟踪评级的安排，影响债券通过审核吗？

• **答：** 目前，私募债券没有强制要求评级。公募债券更像是皇帝赐婚，兹事体大，皇帝对男女双方情况一清二楚（强制评级），男女双方每年还要向皇帝汇报婚后情况（跟踪评级）。私募债券更像民间婚姻，男女双方可以自由恋爱（不评级），也可请媒婆分别披露对方的信息（初始评级），而媒婆可不多嘴小两口的婚后生活（不跟踪评级），但也不排斥媒婆为了表功而多嘴披露小两口的幸福生活（跟踪评级）。

○ **问：**发行人拟非公开发行公司债券，该次公司债券无评级。发行人可否在募集说明书中简单披露由其他评级机构（不具备证监会颁发的资信评级业务许可证，但是有其他市场的资质）出具的主体评级报告信息？是否需要在申报材料中报送该评级报告（主体评级）？

● **答：**根据《公司债券发行与交易管理办法》第六条的规定，债券募集说明书及其他信息披露文件所引用的评级报告，应当由具有从事证券服务业务资格的机构出具。所以，披露的评级报告需要有证券服务业务资格，没有的话，恐怕不行。在生活中，某些人在相亲时，故意将豪车的钥匙摊放到桌面上。实际上，这钥匙背后的信息口径（豪车的所有权属于谁，是不是借来的，钥匙的真假，等等）容易产生误导或混淆。当然，发行人在募集说明书中往往会列示以往债券融资情况，表格或文字中难免会提到发行人的各种评级，但投资人不一定会注意到。

公司债券增信（担保）问题

○ **问：**发行人能否只为部分债券安排担保，比如发行20亿元，只为其中10亿元提供担保，或者说品种一有担保，品种二无担保？

● **答：**一般是允许的，但要注意条件和方法。同一期债券分为两个品种（两个代码，两个简称），类似双胞胎，长相、体重可以有差异；若先后分期发行，类似落实二孩政策，两个娃更可以有差异。针对该问题，我们暂未发现禁止性规定。我们只需遵守募集说明书的相关约定，同时约定清楚增信债券的具体指向范围。同一品种的债券（同一代码，同一简称），不能实行歧视性增信，每张债券都要平等，增信方式要一样。

公司债券融资的增信相当重要，特别是在主体的资质比较一般的情况下，公司债券融资往往对债券评级或投资人的信心会有提振的效果。根据规定，发行人可以采取内外部增信措施、偿债保障措施，提高偿债能力，防控债券风险，保护债券持有人合法权益。发行人采取内外部增信措施、偿债保障措施的，应当在募集说明书中详细披露相关措施的适用条件、启动程序、实施安排、违约责任、持续信息披露等事项，并及时披露相关措施的变化及执行情况。

○ **问：**发行人的全资子公司是否可以为该发行人发债提供担保？

● **答：**子公司本身属于发行人的并表范围，增信效果极为有限。就像人们常说的“我以我的人格担保”，实际上“人格”本就属于个人的一部分，并没有实际增加担保的效果。所以，拿着你存于自身的东西来担保，并没有太多的增信作用。反过来就会好很多，即母公司为子公司担保，子公司作为发行人。

○ **问：**发行人申请非公开发行公司债券，担保人为一家上市公司，担保人已召开关于为此次债券进行担保的董事会和股东大会，并已决议通过。那么，直接以担保人（上市公司）发布的董事会和股东大会决议公告加盖担保人公章后作为申报材料是否可行？

● **答：**在一般情况下，公告是担保人（上市公司）的意思表示，加盖了担保人公章等于多了一层认可，在法律上应该可以构成一个粗线条的担保意思表示，但真正的担保函或担保协议的信息内容往往比公告内容多，条款会更丰富，细节会更全面。考虑到这些因素，单纯一份公告对投资者权益保护略有不利。我认识一些老板，就凭一条微信信息就做了几百万元的生意，连一页的合同都不签，确实很高效，但他们的保障程度严重不足，风险因素较多。

3

公司债券的信息披露

第一节　基本知识

信息披露的重要性及要求

信息流动可以提升效率，缓解投资者的内心不安，强化人们之间的信任。公司债券信息披露，是投资者了解发行人经营状况并做出投资决策的重要依据，是化解投融资双方信息不对称的第一步。因此，根据《公司债券发行与交易管理办法》等相关规定，发行人应当及时、公平地向投资者披露信息，并保证所披露的信息真实、准确、完整，不得有虚假记载、误导性陈述或者重大遗漏。

同时，信息披露文件所涉及的相关中介机构，应具有相关业务资格认证（让“专业的人做专业的事”），并对所出具的债券募集说明书、财务审计报告、法律意见书、资产评估报告、资信评级报告等文件的真实性、准确性、完整性、及时性等负责，并承担相应法律责任。这些文件是投资者信赖发行人的重要基础，“每个人都要为自己的言行负责”。

为保证信息披露的公平性，保证投资者领受的信息是一致的，信息披露义务人应当同时向全体投资者披露，不得提前向任何单位和个人披露、透露或者泄露，否则容易产生内幕交易等行为。信息披露知情人在信息正式披露前，应当确保将该信息的知情者控制在最小范围内。发行人等相关主体自身要做好信息保密工作，在公告前不得透露和泄露其内容，不得从事内幕交易和操纵市场等损害他人利益、破坏市场秩序的不正当行为，让市场交易更干净一些。

在其他相关主体方面，发行人的控股股东、实际控制人、增信主体（含担保主体等）、专业机构及其相关人员应当及时、如实地提供或者披露相关信息，积极配合发行人等信息披露义务人履行信息披露义务，并严格履行所做出的承诺，做到“一诺千金”，让各市场主体对他人的行为有充分的可预见性，减少各类摩擦成本。

定期报告和临时报告

在公司债券的信息披露方面，包括定期报告和临时报告在内的信息都应予以披露，从而方便投资人了解和掌握发行人的生产经营状况及偿债能力。

定期报告包括年度报告（俗称“年报”）和中期报告（俗称“中报”），发行人应当在每一会计年度结束之日起四个月内，和每一会计年度的上半年结束之日起两个月内，分别向证券交易所提交上一年度的年度报告和本年度中期报告，但债券募集说明书在发行时已经披露相关内容的除外。也就是说，已在募集说明书中披露上一年年度财务报告相关内容的，一般情况下可以豁免披露年度报告，以免重复披露。

定期报告包括但不限于发行人的经营状况、财务报告、募集资金使用情况、跟踪评级情况、增信情况等方面发生变化。与股票披露有点区别的是，债券投资者更关注发行人的偿债能力，发行人应当确保定期报告按时披露，并充分说明是否存在影响债券偿付本息能力的情形及其他风险。

临时报告是指按照相关规定发布的除定期报告以外的公告，发行人一旦发生重大事项就可能触发披露临时报告的需要。根据规定，在债券存续期间，发生可能影响发行人偿债能力或者债券价格的重大事项，或者存在关于发行人及其债券的重大市场传闻，发行人应当按照相关法律、行政法规、部门规章、规范性文件等相关规定，及时向证券交易所报告并按照规定的内容与格式披露临时报告，说明事件的起因、目前的状态和可能产生的后果。临时报告的内容包括但不限于以下方面：发行人经营方针、经营范围或者生产经营外部条件等发生重大变化（如发行人改变主业、国家政策补贴取消等）；发行人主要资产被查封、扣押、冻结可能影响的偿债能力；发行人出售、转让主要资产或者发生重大资产重组；发行人放弃债权、财产或者其他导致发行人发生超过上年末净资产10%的重大损失；发行人当年累计新增借款或者对外提供担保超过上年末净资产的20%；发行人发生未能清偿到期债务的违约情况；等等。在信息披露义务人披露重大事项后，已披露的重大事项出现可能对发行人偿债能力产生较大影响的进展或者变化的，应当及时披露后续进展或者变化情况及其影响。发行人受到重大行政处罚、被采取行政监管措施或者受到纪律处分的，还应当及时披露相关违法违规行为的整改情况。另外，对于付息或本金兑付、调整票面利率、回售及赎回选择权、信用跟踪评级等事项，发行人均应在募集说明书约定的时限内进行信息披露。

信息披露不当的法律责任

若信息披露履行不当，发行人是要承担相关责任的。根据规定，债券募集说明书、定期报告、临时报告等信息披露文件存在虚假记载、误导性陈述或者重大遗漏，致使投资者遭受损失的，发行人应当按照《中华人民共和国证券法》等相关法律法规的规定，依法承担赔偿责任；发行人的董事、监事、高级管理人员或履行同等职责的人员和其他直接责任人员，以及承销机构或相关专业机构，应当与发行人承担连带赔偿责任，但是能够证明自己没有过错的除外。所以，发行公司债券并非“一发了之”，还需要关注公司债券全生命周期的各类事项。

有些项目团队在制作募集说明书时，时常进行模板化写作，并没有对文字表述进行仔细核查，结果错误和风险就隐藏其中了。企业情况千差万别，用同一种模式、同一种表达来描述各个企业的情况，必然存在冲突和差错。募集说明书作为信息披露工作的重要文件，需要多遍审核，需要加入具有企业本身特色的针对性文字，以更贴合企业的实际情况。

债券停复牌与信息披露

债券停复牌与债券持有人利益的保护有较为密切的关系。因此，为保障信息披露的公平性，保护债券持有人合法权益，维护债券市场稳定，沪深证券交易所公司债券上市规则（2018年修订）优化了债券停复牌的相关规定，增加了发行人申请和证券交易所视情况主动停复牌等内容，保障了所有投资者的信息知情权。具体来看，停牌操作有以下三种情形：

- 发行人应当申请停牌情形：在债券存续期内，如信息披露涉及应当披露却存在不确定因素且预计难以保密的，或者在按规定披露前已经泄露的重大信息，或者媒体出现发行人尚未披露的信息，并可能或者已经导致对债券持有人利益产生重大影响的情形时，发行人应当立即向证券交易所申请停牌，直至按规定披露后复牌。
- 发行人可以申请停牌情形：评级信息披露前或公司债券上市规则（2018年修订）等未有明确规定的，可以以合理理由申请。
- 证券交易所视情况主动停牌情形：如发行人出现影响其偿债能力或者债券价格的重大事项，不能按时还本付息，失去发行人有效信息来源，未按照相关规定申请停牌等情形时，证券交易所可对其债券主动实施停牌，直至上述情况消除后复牌。

发行人信息披露事务管理制度

根据规定，公司债券发行人内部应当制定信息披露事务管理制度，并指定信息披露事务负责人和联络人负责信息披露事务及投资者咨询事宜。信息披露事务负责人应当由发行人的董事或者高级管理人员担任，以便投资者或监管人员能及时找到负责人和联络人，及时处理相关事务，特别是在紧急的情况下（如风险处置时）。

发行人应当在募集说明书中披露事务负责人和联络人的信息，并及时披露其变更情况。受托管理人应当指定专人辅导、督促和检查信息披露负责人的信息披露情况。理论上，受托管理人在存续期间，应更多地基于投资者的利益行事，积极维护投资人的权益。

第二节 有趣问答

信息披露种类

○ **问：** 什么叫公司债券的自愿性信息披露行为？

• **答：** 公司债券的信息披露可分为强制性信息披露和自愿性信息披露。根据《上海证券交易所公司债券上市规则（2018年修订）》第3.1.9条的规定，信息披露义务人可以自愿披露其他与投资者投资决策有关的信息，自愿披露应当符合信息披露有关要求，遵守有关监管规定。

记得此前，在中国女排与塞尔维亚女排决赛时（里约奥运会），CCTV5（中央电视台体育频道）的收视率很高。大家都不断地对家中电视机及背景墙拍照，然后发微信朋友圈，配上文字“好紧张，不敢上厕所”（却有空发朋友圈）。我前后看到了几十种客厅背景墙的装修风格。这就是自愿性的信息披露行为，属义务之外的披露行为，因为微信好友并没有强迫你披露你家客厅背景墙。

还有一次，我带家人到一个小店吃饭。看到老板养的小狗，女儿跟老板说：“老板，我爸爸也是属这个的（1982年）。”你看，我的年纪、忠诚性格等内容，全都被披露了。

还有一次，我周末出差讲课，顺便带上了媳妇和女儿。在我讲课时，女儿从酒店房间下楼到了会场外，从门缝偷瞄我。然后，她想吃会场外的茶歇（蛋糕、甜点）。管理人员因为不认识她，正犹豫让不让她吃。女儿说："里面正在讲课的人，是我爸爸！"……她瞬间得到甜点、蛋糕。这就是自愿性信息披露所带来的好处。

○ **问：** 公司债券的定期报告和临时报告有什么区别？

• **答：** 年度报告、中期报告都属于定期报告。发行人应当及时披露债券存续期内发生可能影响其偿债能力或债券价格的重大事项，这些往往是临时报告。就像很多朋友在用微信发节日祝福信息时，往往发现上一条聊天记录是上一个节日的祝福（已有点生疏），这种祝福相当于定期报告。而对于"家中执政党"（媳妇），我要及时向其汇报我的动态，因此产生了无数个临时报告。

信息披露的实践场景

○ **问：** 对于上市公司用一季度报申报的私募债，如果上市公司已披露半年报，那么它是否要更新私募债募集说明书的数据（9月30日前）？

• **答：** 虽然债券发行人的一季度报财务数据仍然在半年的有效期内，但因为上市公司已经披露了半年报，若依此进行各自披露，势必会造成一定的混乱，同时也会造成投资者之间领受信息的不一致，从而产生不公平现象。债券募集说明书对外披露的财报信息要保持一致和同步，即使财报数据（季报）仍在有效期内（6个月），也不要歧视债券投资者，他们有权公平地获得相关信息。

○ **问：** 债券发行人的商业秘密可以申请豁免披露吗？哪些是商业秘密的无意识披露或无意中披露？

• **答：** 可以，规则依据是《深圳证券交易所公司债券上市规则（2018年修订）》第3.1.11条："信息披露义务人拟披露的信息属于国家机密、商业秘密或者本所认可的其他情况，按本规则披露或者履行相关义务可能导致其违反国家有关保密法律、行政法规规定或者损害信息披露义务人利益的，可以向本所申请豁免按本规则披露或者履行相关义务。"在我国，商业秘密属于广义知识产权的一种，也是受到保护的，一旦泄露，会给企业带来各种可能的伤害。因此债券发行人的商业秘密可以申请豁免披露。有位朋友，他正在找对象，经常去附近的"华润超市"乱逛。我问他为什么要这样做，他说："在心仪的姑娘特别是喜欢买菜的姑娘买单时，收银员会让她报'会员卡号'，而会员卡号往往就是手机号，我会立马存下她的手机号，微信好友也往往会自动浮现出来。"这就是"商业秘密"的无意识披露或无意中披露。

○ **问：** 为什么有些对偿债能力并没有太大影响的事情，例如几笔金额并不大的其他应收款、涉及小额案件的诉讼，都要披露？

• **答：** 在公司治理程序方面，"小事情"也可能反映"大方向"，人们从公司平时的行为上可以"见微知著"。有人说"封山育林"（不喝酒，备战人类发展事业）对于繁衍后代是没有什么必要的，喝酒基本不影响繁衍后代。但是，他们没有注意到一件事，就是在和兄弟们喝酒后，你晚上是否还有地方睡觉，特别是到家后“酒气未消”（向家中媳妇被动披露喝酒的事实）。充分披露是否喝酒，可让媳妇及时了解相关风险，也是你未来协助带娃“服从程度”的重要指标。其实，喝酒虽然不影响DNA（脱氧核糖核酸）密码的正确输入，但影响“密码输入系统”的整体性能。

○ **问：**发行人对于某些内容不想披露太多，在募集说明书中想一句话带过，是否有风险？

● **答：**信息披露若有重大遗漏，是有风险的，所以发行人应进行充分信息披露，做到真实、准确、完整。充分的信息披露可以让投资者进行充分判断。我们部门的单身男同事A在单位食堂用餐，隔壁桌美丽的女同事B送来一盘葡萄，只说了（信息披露）三个字：“给你吃。”这有两种可能：一种是“她从嘴里省下来”送给A吃的，另一种是“她吃不完”送给A吃的。二者的意境相去甚远。因此，女同事披露的“给你吃”的信息不准确、不完整。

○ **问：**如果已发债企业财报的合并范围发生变化，如某企业原来在合并范围内，现在不再并表了，那么该企业需要履行什么披露程序？是按临时公告程序披露吗？

● **答：**一是看是否构成需要披露的重大事项。当不好判断时，发行人进行披露是较好的选择，至少免责了。二是评估受托管理人。发行人一般要相应地出具临时受托管理事务报告。三是注意这种不再并表行为的合规性，是否履行了公司章程约定的程序，以及是否符合债券持有人利益保护条款的相关要求。最近，我请朋友吃饭，花了挺多钱。我总要做点“壮胆心理体操”后才敢回家，并报告好多“饭钱”已花掉，不能再“并表”了。

○ **问：**在债券募集说明书中虚假陈述，为什么容易露馅儿?

● **答：**记得在我读本科时，老师问起学生暑期的实习状况。有个同学说他暑期在“××市中级人民检察院”实习，收获颇多。老师听后，表示若我国有“中级人民检察院”这种牌子，他负责全部吃掉。因为根本不存在“中级人民检察院”这种称呼，正确的叫法应该是“××市人民检察院”或“××市中级人民法院”。另外，还有个同学的毕业论文中竟然出现“关于这个问题，可以看我的相关专著”的字眼。大家都为他捏了一把汗。所以，不管是在事业上还是生活中，诚实都是最好的策略。

○ **问：**什么是无效的信息披露内容?

● **答：**实际上，在募集说明书中，有些地方的篇幅是可以适当压缩的。有一次在飞机上，邻座问了我一句话：“您也是去北京吗？”我此时很认真地回答：“是的，只要中间不被扔下去。”这种对话，完全没有信息量。还有一事，记得还是学生时，我帮别人打官司。开庭时，对方代理人说了一大堆基础法律常识。提一堆法律名词也就罢了，他还要进行名词解释。当他在当事人面前旁征博引时，法官和我已经对他实行了10多分钟的“瞪眼礼”。庭后，我拒绝和他握手，他却来了一句：“请谅解，当事人需要听这些。”

○ **问：**有什么债券误导性陈述的类比例子？内幕交易有什么例子?

• **答：**（1）误导性陈述：最近在微博上看到一句话，你在和两位警察叔叔合影时，若站位不太理想（站中间），那么你一定要保持微笑，否则照片传达的作息可能是“你已经被抓捕了”！这就是“图片式”的误导性陈述。（2）内幕交易：有公司利用网络大数据“杀熟”。网友“廖师傅”表示，他经常通过某网站预订某个特定酒店的房间，长年价格为380～400元。偶然一次，他从前台得知该酒店淡季的入住价格在300元上下。他用朋友的账号查询的价格是300元，但用自己的账号查询的价格却是380元。另外，某网友说：“我选好机票后取消，再选那个机票，价格立马上涨，甚至翻倍。如果换个账号去买，价格就便宜了。”在这些情况下，公司就是内幕交易者，极度利己，消费者就像被不公平对待的投资者。

○ **问：**怎么评价某些债券虚假陈述、欺诈发行行为？

• **答：**电影《我不是药神》中的假药贩子张长林，卖没有疗效的假药（非仿制药），在生意场上处处虚假陈述，铤而走险，最终被贪婪和冲动摧毁。破坏了经济秩序，就如同“公牛闯进瓷器店”一样。另外，有人劝大家在世界杯期间不要赌球，理由是：“世界杯本来就是一场骗局，看看就好了。大半夜的，视频中还有太阳，一定是之前录好的视频。”这也算是一种虚假陈述吧，因为世界上还有一种现象叫时差。

○ **问：**公司债券发行人年报需要在纸媒上刊登吗？

• **答：**根据证监会《公司债券发行与交易管理办法》第四十七条的规定，披露的信息应同时刊登在至少一种证监会指定的报刊上，这沿用了上市公司的相关规定。事实上，由于公司债券的投资者多为机构投资者，《公开发行证券的公司信息披露内容与格式准则第38号——公司债券年度报告的内容与格式》(38号准则，年报准则)并没有要求在报刊纸媒上披露年报的规则字眼，39号准则(半年报准则)亦未有相关要求的规则字眼。另外,《深圳证券交易所公司债券上市规则(2018年修订)》第2.3.4条规定:“发行人应当于债券上市前按规定通过本所网站、本所指定信息披露网站和中国证监会或者国务院授权部门指定的信息披露媒体披露上市公告书等相关文件，并将上市公告书等相关文件备置于指定场所供公众查阅。”该条规定也没有明确提及在纸媒上披露的相关要求。该事项属于个人的看法，具体以监管部门的要求为准。

○ **问：**发行人2019年3月新增借款数额较大，预计超过2018年末净资产的20%，但是发行人最终审计报告数据还没有出来，应如何进行公告?

● **答：**家中财产盘点(审计)尚未结束，发行人就新增了不少借款，即使还没有明确参照物(盘点结果)，也应及时披露新增借款情况并告知债券持有人。20%是一个量化的数，属于定量效果；而从定性的角度来看，当发行人较多地新增借款时，债券持有人有权知道。

○ **问：**发行人被无偿划出了一个全资子公司，算不算放弃资产？放弃资产的账面价值占上年净资产的比例需要计算吗？账面价值是净资产的金额吗?

● **答：**发行人放弃债权或者资产，超过上年末净资产10%的，属于发行人发生可能影响其偿债能力或者债券价格的重大事项，信息披露义务人应当立即向交易所报告并公告，说明事件的起因、目前的状态和可能产生的后果。发行人被无偿划出子公司，是否意味着公司治理存在问题，是否符合公司章程的约定？一个人被砍掉一只手，其偿债能力是否会受到影响？对于投资者，这些都是他们担心的问题，甚至会触发提前偿债条款。因此，对于放弃的资产超过上年末净资产10%的，且放弃资产部分可能有评估价值、全资子公司净资产账面价值等情况，我们要综合各种因素加以判断。

○ **问：** 深圳“罗某事件”（2016年9月8日，深圳5岁女孩罗××被查出白血病，她的父亲罗先生开始在微信公众号上记录一家人与白血病“战斗”的历程。后来，罗先生发表的一篇名为《罗××，你给我站住》的文章刷爆朋友圈。然而，伴随着越来越多的爱心捐款，质疑声此起彼伏），跟债券项目中遇到的问题有何相似之处？

● **答：** 一是进行公众号信息披露时，罗先生缺少对其医药费“偿债能力”的分析，没说医保已承担比例及个人承担比例和个人收入、财产等情况。信息不全面，可能构成“信息披露重大遗漏”。二是罗先生发表的文章，字里行间给人的感觉是其个人基本没有支付能力，故“特发此债”。信息不准确，可能构成“信息披露误导性陈述”。三是对于赞赏的200多万元款项，罗先生决定成立白血病救助基金会，以后其女儿的医药费将依规向此基金会申请。这属于改变募集资金用途，未召开“债券持有人”会议，可能构成“违反募集说明书的约定”。

4

公司债券的发行事项

第一节　基本知识

成功发行是项目的重要目标

公司债券项目历经前期各方接触、中介入场尽职调查、项目材料制作、申报到证券交易所、取得批文等必经阶段之后，最主要的目的地是“成功发行”——发行人获得预期的资金，承销商也尽可能全面获得该有的承销费，各方均达到期望的目标。所以债券成功发行非常关键，就像《西游记》中的师徒四人最终取得真经一样。

但我们也可以看到，有一些债券项目在取得批文之后，一直未能成功发行，甚至批文过期了也未发行。原因有多个方面，要么是市场行情不好，发行人难以获得市场认可；要么是发行利率太高，发行人评估之后，觉得承受不了如此高的发行代价；要么是发行人暂时不缺钱，或者找到了更满意的融资工具；要么是券商承销不积极或不给力——对于“不靠谱”的发行人，券商肯定会因合规、风控等要求而“暂缓”发行。

所以，取得批文未发行的企业，也不乏其例。这就证明了公司债券市场化改革的成功，并非取得批文的企业就一定能发行成功，市场对于企业的资信要求并不因为批文的取得而降低。拿出真金白银的投资者，势必很关注发行人的相关风险。

承销商是“大厨”

在债券项目的整个过程中，承销商担当了重要的角色，是公司债券项目的“大厨”，总协调整个公司债券项目。在公司债券发行阶段，承销商需要对接好各方的资金，需要按规则披露相关事项，做好投资者适当性管理工作、结算登记工作等。在存续期，承销商作为受托管理人，仍需要为投资者的利益服务。

在发行公司债券组建承销团的要求方面，《公司债券发行与交易管理办法》规定，如果公开发行公司债券，依照法律、行政法规的规定应由承销团承销的，那么组成承销团的证券公司之间应当签订承销团协议，由主承销商负责组织债券承销工作。公司债券发行由两家以上承销机构联合主承销的（又叫联席主承），所有担任主承销商的承销机构应当共同承担主承销责任，履行相关义务，即各承销机构的法律责任和义务是同一顺位的。如果承销团成员由三家以上证券公司组成，那么可以设副主承销商，其功能主要是协助主承销商进行相关债券承销活动。承销团成员应当按照承销团协议的约定进行承销活动。

公司债券的期限和发行利率

公司债券的期限和发行利率由发行人自身的需求和市场外部环境共同决定。

公司债券期限的确定取决于以下方面：

- 发行人自身对资金的需求时长、自身的整体负债情况（是否存在债务集中清偿情况、给付利息与企业利润情况是否匹配等）和自身的现金流结构情况。
- 发行时点的市场资金对公司债券期限的偏好。如果发行期限太长，那么发行难度可能增加。例如，对于3年期和5年期的债券，很多投资者倾向于选择前者。
- 对于不同期限资金的资金成本，如果期限长一些，那么投资者期望的收益肯定高一些，期待未来的风险能有所补偿。发行人如果想降低融资的财务成本，那么可以选择期限短的公司债券来发行，或者加一些含权条款。例如，对于5年期的债券，发行人在申报或发行时将其改成“3+2”，让投资者在第3年末有一个选择权，时间长度可调节。

发行利率的确定取决于以下方面：

- 发行人自身的资质条件，主要包括发行人的经营情况、赢利能力、偿债能力和现金流状况。在一般情况下，评级较高、资质优良的发行人发行利率更低，其融资渠道也较多。

- 增信状况，包括内部增信（资产抵押等）和外部增信（他人提供担保等）。一般来讲，同期同等资质的发行人，附加了增信措施，尤其是在外部增信情况下，发行利率更低。
- 市场形势，主要包括发行时点的宏观政策、资金面松紧状况（是否有钱荒情况出现等）、市场违约情况、投资者对债券价格走势的判断等。

第二节　有趣问答

对承销商的相关规定

◦ **问：**私募可交换公司债券是否在封卷前都能增加联席主承销商？具体需要履行怎样的程序？

• **答：**联席主承销商的承销过程包括但不限于项目承接、尽职调查、内部控制等各个环节，特别是尽职调查工作，涉及很多签字盖章工作，有点复杂。封卷前增加联席主承销商是不是太晚了？（具体以审核规则为准）个人感觉，在封卷前增加联席主承销商类似于“闪婚”，有点危险。我们应在结婚前留足充分的恋爱时间，增加彼此了解，充分尽职调查。

◦ **问：**在申报的公司债处于受理审核阶段，发行人如果想换承销商并申请撤卷，那么该怎么办？

• **答：**根据《公司债券发行与交易管理办法》、小公募规则、私募债相关办法，发行人在债券申报中均是主动者，只是每个决定都有代价和成本。退一步讲，即使拿到了批文，发行人也可以决定要不要发行，“遥控器”

从头到尾都在发行人手上。券商是大厨，顾客（发行人）则是上帝。但是，在菜端上来时，顾客要求换地方吃饭，就要处理好前券商与发行人的承销协议（合同）的解除问题。此时，违约责任纠纷估计会浮出水面，具体要遵循承销协议的相关条款。

○ **问：** 公司的项目承揽团队与内核或质控团队，二者是什么关系？

• **答：** 内核或质控团队与承揽团队经常打架。在较严的证券公司，在项目报到证券交易所之前，整个项目团队已经被耗得眼冒金星了，但也确实保证了项目的质量。项目承揽团队就像是踩油门的，内核或质控团队就像是踩刹车的。踩油门的常常责怪“刹车系统”将飞机变成了汽车；“刹车系统”常常责怪“踩油门的”将汽车变成了飞机。实际上，二者谁也离不开谁，缺一不可。

○ **问：** 如果发行人对证券公司不诚实，那么公司债券尽职调查要如何透过现象看本质？

• **答：** 我们要按照尽职调查相关规则、指引的要求进行尽职调查。就像警察常在街上巡逻，警察不一定能抓到每个坏人，但巡逻属于做好治安的必备动作。另外，凡事皆有因果和逻辑，我们通过观察其脉络，便可以发现一些端倪。

○ **问：** 在小公募债券取得批文后，发行人可将两个承销商减少为一个吗？

• **答：** 取得批文后的发行人如果减少一名联席主承销商，那么无须重新进行行政许可，但要向证券交易所申报期后事项并重新封卷，改掉整套文件，即由“二人世界”变成“单身生活”。留存的那家承销商要保证包括工作底稿在内的各种文件的完整性。其实，三方（发行人+两家承销商）能继续一起玩是最好的结果。若真的发生“不再是朋友”的现象，那么其原因可能是多样的：发行人想去掉一家承销商，或者某一承销商已经不想继续推进发行人的债券发行工作，或者两家承销商不想一起玩了。承销商要有退出机制，同时也不能耽误发行人。另外，其中也可能存在某方的违约责任，就像大家一起玩捉迷藏一样，别人都藏好了，你却先回家了。

○ **问：**对于联席主承销商的小公募项目，主承销商核查意见是各家各自出一份，还是统一出一份并由各家承销商在后面附签章页？

● **答：**二者均可以，没有强制用哪一种方式，只要实质意义上发表了核查意见，做到真实的意思表示。但是，在统一出核查意见（各自附签章页）时，该怎么表述得商量好——如果一家承销商对内容有修改，那么另一家承销商便要重走流程。常见的是，两家承销商分开出意见。平时，我们明明约好了晚上吃什么，都可能临时改变想法，何况是需要走两家公司多人流程的核查意见呢？

○ **问：**券商的大股东单位要发债，券商能做主承销吗？有禁止性的规定吗？

● **答：**当主承销商可以，当受托管理人可能不行。在债券承销借钱时，母子公司可以一起上阵，它们的用力方向一致，而它们的共同行为也由第三方（律师、会计师、协会等）盯着；券商当受托管理人时，代表了投资者的利益，因此母子之间可能存在利益冲突，用力方向可能相反。因迫于外力，在“爱的关系”里冒出硝烟来，这并不符合社会主义道德观。

○ **问：** 公司债券主承销商、联席主承销商和副主承销商的工作内容和职责有何区别？

● **答：** 公司债券中的主承销商是指在公司债券发行中独家承销或牵头组织承销团承销的证券公司，就是一个“大厨”；联席主承销商是指两家证券公司担任该债券项目的承销商，一般不分主次，地位平等，就是两个“大厨”；副主承销商的职责是协助主承销商组织公司债券承销活动。

○ **问：** 公司债券的承销方式包括哪些？

● **答：** 承销机构承销公司债券，应当依照《中华人民共和国证券法》相关规定采用余额代销或者包销方式。证券代销是指承销机构代发行人发售证券，在承销期结束时，将未售出的证券全部退还给发行人的承销方式。证券包销是指承销机构将发行人的证券按照协议全部购入或者在承销期结束时将售后剩余证券全部自行购入的承销方式。采用证券包销方式的证券公司，其压力会大一些，承销费一般也会高一些。

公司债券批文事项

○ **问：** 如果私募债和公募债分期发行，那么批文有效期是怎样规定的？

● **答：** 非公开发行公司债券在发行人取得证券交易所无异议函后，应当在12个月内完成发行。债券分期发行的，每期债券均须在前述有效期内完成发行，并且要披露各期发行安排，同时还要说明本期债券发行时募集说明书中披露的发行人最近一期财务报表是否超过有效期，以及发行人最新经营、财务及现金流情况是否出现不利变化及对本期债券偿债能力是否有较大影响，并且承诺“发行人和承销商在债券发行过程中向投资者披露的募集说明书等转让申请材料与向交易所提供的相关转让申请材料完全一致，未披露除债券募集说明书等信息之外的发行人其他信息”。发行人公开发行公司债券，可以申请一次核准，分期发行。自中国证监会核准发行之日起，发行人应当在12个月内完成首期发行，剩余数量应当在24个月内发行完毕。

可见，私募债和公募债在批文有效期方面有所区别。为了更好记，加深理解，我们做点类比。私募债无异议函的有效期就像吃自助餐，取餐次数不限，但只能在规定时段里吃（12个月），总额度就是胃的大小，也可不全吃饱；公募债批文的有效期就像你刚刚交了一位女朋友，12个月内你至少要给她过一次生日（完成一次发行），当然你也可以给她过很多节日（多次发行），包括七夕节、“双十一”（记得备“速效救心丸”）、情人节等。

○ **问：** 私募债的无异议函到期了（12月），但尚未发行，能够延期吗？

● **答：** 在私募债批文到期后，发行人可参加一次“复活赛”——再拿一个无异议函。由于考虑发行时间窗口、发行成本、募集资金必要性等情况，发行人往往会错过批文的有效期，批文到期自然失效。但该发行人若再次申请项目，除非发生重要情况，一般审核速度会较快，俗话说“一回生，二回熟”。

设立公司债券专户的事项

○ **问：** 债券募集资金是否一定要存放在新开账户中？如果是存量老账户，不做其他用途，只用于划付募集资金，可以吧？

• **答：** 公司债券募集资金要求存放于专户，没有强调是新开账户，但必须是专户，只与本次债券募集资金存储和本息兑付有关。就像你买的一个二手房，装修后仍可以当婚房，但不能同时住进两个新娘。

○ **问：** 公司债券的募集资金，可以放在不同银行的两个专户吗？

• **答：** 发行人常需跟多个银行搞好关系，将募集资金存放于某些银行。募集资金必须放在专户，但能不能放在两个专户里，暂时没有禁止性规定。此前，上市公司股权的募集资金也有多个专户的情况，但需要注意一些可能存在的风险：一是多个专户的资金若有类似或共同的用途，多个银行专户之间怎么进行信息共享？若不进行信息共享，则容易出现约定用途比例甄别困难、发行人向各个专户重复要钱等问题（就像小时候，我经常在向爸爸要完零花钱后，再向妈妈要零花钱）；二是受托管理人履职难度增大，某家银行不配合，受托管理人难以了解募集资金使用的全貌。建议的解决办法：（1）可以分期发行，每一期分别放在不同的银行；（2）每个专户的资金都清晰地约定金额和用途，且用途之间有差异。

○ **问：** 公司债券募集资金可以不设立专户（如让银行加强监管）吗？

• **答：** 公司债券募集资金都要求有专户的，原因如下：

若不设专户，花钱没有度。
肥水流外田，化作私房钱。
账目不好瞧，流水易混淆。
还债有专户，届时免哭诉。

投资者适当性要求

○ **问：** 目前，公司债券投资者适当性管理的相关内容有哪些？

• **答：** 投资者适当性管理是现代金融服务的基本原则和要求，其主要目标是“把合适的产品卖给合适的人”，是成熟市场普遍采用的一种制度。该制度通过划分不同的投资者类型，区分金融产品销售范围，进而保护投资者的权益。《公司债券发行与交易管理办法》根据投资者的风险识别和承担能力，将投资者划分为公众投资者和合格投资者，在第十四条对合格投资者应具有的资质条件做出了明确规定；根据债券的资信状况将债券分为公众投资者和合格投资者均可交易的“大公募”债券，以及仅合格投资者可交易的“小公募”债券，在第十八条对大小公募债券标准做出了明确规定。以上两条规定是不同资信状况公司债券分类以及投资者适当性管理的基础。大公募债券为符合债券信用评级达到AAA级以及发行人最近三个会计年度的年均可分配利润不少于债券年利息1.5倍等条件的债券，公众投资者和合格投资者可参与认购及交易；而小公募债券为不符合上述条件或者符合上述条件但发行人选择面向合格投资者发行的债券，仅限合格投资者进行认购及交易。

2017年，沪深两个证券交易所均发布了《债券市场投资者适当性管理办法》。从2017年7月1日起，各类投资者允许的投资标的范围如表4-1所示。

表4-1　各类投资者允许的投资标的范围

项目	合格投资者中的机构投资者	合格投资者中的个人投资者	公众投资者
可以认购及交易的债券品种	1. 国债 2. 地方政府债 3. 政策性银行金融债 4. 公开发行的可转换公司债券 5. 公募公司债（含大公募公司债、小公募公司债、企业债） 6. 私募公司债 7. ABS 8. 提供转让服务的暂停上市债券 9. 质押式协议回购的融资交易及融券交易 10. 质押式回购的融资交易及融券交易	1. 国债 2. 地方政府债 3. 政策性银行金融债 4. 公开发行的可转换公司债券 5. 债项评级AAA且无风险的大公募公司债、企业债 6. 债项评级AAA且无风险的小公募公司债、企业债 7. 质押式回购的融券交易	1. 国债 2. 地方政府债 3. 政策性银行金融债 4. 公开发行的可转换公司债券 5. 债项评级AAA且无风险的大公募公司债、企业债 6. 质押式回购的融券交易

注：相关法律法规、部门规章、规范性文件及交易所业务规则另有规定的除外。

○ **问：**公司债券为什么要实施投资者适当性管理制度？

● **答：**投资者适当性管理制度实际上是一种债券投资者保护制度。我一个人在家带娃时，一般会把易碎、贵重、危险（热水壶）等物品收起来，这样娃安全了，家中的物品也安全了。在我尽到注意义务后，如果娃在游玩中真出了点小状况，如砸坏东西（债券违约），那么家中的那位“执政党”回家后至少不会大骂，会懂得面对损失的现实。

○ **问：** 为什么一般的个人投资者看不到私募债的相关信息披露文件？

• **答：** 除非是发行人的“董监高”，否则个人不能购买私募债券。另外，投资者若想看信息披露文件，一般需要登录证券交易所的固定收益业务专区，需用到数字证书U-key（电子钥匙）。一般的个人投资者看不到这些文件，也买不了。就像聚餐时，我们既然没有邀请某位朋友，那就不要给他发聚餐的美食照片或合影了。当然，未来私募债能不能把信息披露文件完全放到网上，让大家公开查询，这需要规则修改和监管论证。

发行的一些细节

○ **问：** 一个发行人一年可能会发行几次？同一个发行人，同一年发行的几次债券，债券简称怎么编？

• **答：** 同一个批文，发行人可以多次发行，只要在总额度和批文的有效期内即可。假设发行人计划在2019年发行，相应的简称可以编成“19借钱01”“19再借02”“19发财03”“19暴富04”“19无脸05”“19皮厚06”等（在实践中，中间两个汉字一般是一样的，不会这么无厘头），每一个简称对应一个证券代码。增加发行次数主要消耗的是证券交易所的代码资源，这是规则允许的。若是跨年发行，即2020年发行，简称可重新编号，例如，“20借钱01”“20再借02”……若2020年只发行一次，则简称可以命名为“20借钱啦”，简称尾部可不用带数字编号。

○ **问：** 对于分期发行的私募债，发行人第二期想换个销售能力强一些的主承销商，可不可以？

• **答：** 完全抛弃之前的主承销商，感觉就像在婚礼现场临时换个新娘，这个动作有点大。如果原来的封卷材料中根本没有该新进入的证券公司的相关信息及盖章，那么证券交易所要不要重新走一次核对流程，中介机构需不需要重新弄一套封卷材料？另外一家券商的尽职调查怎么安排？这些都是更换主承销商需要面对的问题，具体需要向监管机构咨询。

○ **问：** 非公开公司债（15亿元）取得批文时是拟分期发行的，现准备首期发行，发行规模是基础规模5亿元+超额配售10亿元。超额配售额度募满，批文额度一次性就发完了，这是否与拿批文时的分期发行安排相矛盾？也就是说，某私募债券的募集说明书约定为分期发行，现在想要一次性发行完毕，可否？

• **答：** 超额配售选择权是指发行人和主承销商根据申购情况，决定是否在基础发行规模上追加发行额度的选择权，但基础发行规模和追加发行规模合计不得超过监管机构所核发批文中规定的发行总额，发行人在监管机构批文规定的发行总额范围内可以灵活设计超额配售选择权。若实际发行不超总额度，原申报材料没有很“死板”的表述，一般是允许一次性发行完毕的。对于将债券“分期发行”变更为“一次性发行”之事，我将一首歌的歌词进行了改编：“当初是你要分开，分开就分开，现在又要一次性把钱哄回来……”

○ **问：** 在总额度范围内，私募债首期发行额度不宜写得太死，例如加个超额配售权，这是为什么？

• **答：** 对于分期发行的债券，一期实际能发行多少，结果尚未可知，就像表白结果不可知一样。从博弈论角度来看，表白风险太大，对方接受了还好，不接受的话，就尴尬了。在时机合适时，表白者不要直接表白，而要默默地牵起对方的手，对方的手若没有抽离，表白成功；若手抽离，不一定代表拒绝（可能是对方腼腆的表示），表白者还可进一步试探。

所以，债券的超额配售很重要，若觉得必要，发行人可在募集说明书中加入相应的条款，发行时可进可退，尤其是面对不确定的市场环境时。我碰到过把发行金额写得很确定的募集说明书，结果发行当天，谈好的投资人情况有变（资金突然紧张），导致债券发行不能募满，承销商欲哭无泪。我们应尽量避免让自己陷入这种被动的情形之中。

○ **问：**发行人可以认购自己发行的公司债吗？

● **答：**若可以，有一句话便很难理解，就是“我欠我自己很多钱”。从个人角度来看，有几个难点。一是要说清楚募集资金的必要性和合理性。二是在债券有内幕消息时，发行人如何防范内幕交易？例如，在负面消息发布之前，发行人将债券先行卖出，等债券价格下跌后再买回来。三是进一步提高了操纵市场的动力。例如发布负面消息，打压债券价格，然后大量买入，等于减少了未来偿还的本金数额。四是万一发生违约行为，发行人如何去告自己，诉讼怎么进行？五是在债券持有期间，利息所得等多交的那一部分税收，怎么向股东解释？所以，发行人认购自己发行的公司债券，存在诸多法律、技术问题，应慎重为之。

○ **问：**2017年4月10日，有消息称：“沪深交易所印发的债券招标发行业务指引要求信用类债券发行人主体评级不低于AA级，当期债券发行总规模不少于人民币10亿元。”这可以被理解为发行准入门槛吗?

• **答:** 这是新闻误读或断章取义，原来的政策不变。只是如果发行人选择走招标渠道，那么他会受到一定条件的约束。简单地说：谁都有吃饭的权利，能在大厅吃饭，但若要进包厢，有最低消费要求。

○ **问:** 如果封卷募集说明书没有约定分期发行，那么发行人可以申请分期发行吗?

• **答:** 原则上可以，但要遵循市场化原则，尤其是在债券销售有难度的时期，除非原募集说明书中明确约定“我确定要一次性完成发行，绝不更改”。所以，恋爱期间的恋人一定要注意誓言的可执行性和可变因素。在“2月14日”或“七夕节”的晚上，天上总有“比较密集的闪电”，这是因为大家的誓言都比较狠。

○ **问:** 因为某AA债销售有些不顺，发行人打算追加AAA担保，那么发行人在拿到非公开公司债批文后追加担保需要走哪些流程？因为专业担保公司担保额度有限，是否可以给部分债券提供担保，剩下的不提供担保？是否可以将募集说明书中原先3+2期限修改为不超过5年?

• **答:**（1）通过期后事项、发行前报备，担保做的是加法，是市场化的表现，监管部门应该比较欢迎；（2）债券属于种类物，非特定物，不能针对同一期（同一证券代码）债券的“部分”进行担保，或针对特定持有人进行担保，否则就不是标准产品（后续流通起来怎么办？），也容易被其他债券持有人围殴；（3）由含权改为不含权，等于整体上延长了存续期限，不推荐修改，但反方向可以。

○ **追问：**（1）打算第一期只发有担保部分的额度，剩余没担保的以后再发行，可行吗？（2）含权由3+2改为2+2+1可以吗？

● **答：**（1）同一个证券代码的同一品种，担保是均等的、标准化的，剩余没担保的可以以后再发行；（2）含权如此更改，是可以的。

○ **问：**如果债券批文6月15日到期，那么这个债要在这个日子前簿记还是上市？

● **答：**公募债应在批文有效期内完成簿记，私募债应当自无异议函出具之日起12个月内正式向交易所提交转让服务申请文件。我们都要打好“提前量”，不要把自己逼到最后一秒。就像拉肚子一样，如果你奔袭到卫生间发现位满了，那真是“门外一分钟，胜似十年功”。

○ **问：**怎么看待地方债在交易所招标发行？

● **答：**目前，深沪证券交易所、中央国债登记结算有限责任公司均可以进行地方债的招标发行。地方债在交易所招标发行，对于地方政府而言，引入了增量的投资者（包括个人投资者）、承销商和资金；证券交易所信息披露的高透明度，也强化了对该地方政府的宣传；未来地方政府融资举债最主要的形式是地方债，而地方债在交易所招标发行，从战略上也为其进一步市场化发行做好了准备工作。总之，地方债不是高收益产品，但它是债券市场的压舱石之一。

○ **问：**在债券发行利率处于高位时，为什么有的发行人仍要发？

● **答：**在电影《我不是药神》中，慢粒白血病患者大多花光了家里的钱，甚至卖了房子买药治病，救命的钱不能不去凑。在经营过程中，流动性困难是伪装不了的，我希望那些处于流动性困难中的实体企业能早点渡过难关。

债券期限的变更

○ **问：** 非公开公司债券获得批文时的期限是5年，但是面临销售困难，发行人希望在发行时加入第3年末投资者回售选择权和发行人调整票面利率选择权，可否？

● **答：** 应该是可以的，这也是公司债券市场化的应有之意。只要期限未超过批文的最长期限，适度调整期限安排，就会增加发行人与投资者各自的进退空间。为未来提供更多的选择，这就是“含权”条款了。第3年末，发行人可能“富贵”了，不缺钱了，但也可能仍然缺钱，届时发行人与投资者双方可做一次选择。

○ **问：** 发行人获得无异议函后是否可以更改期限，即项目原来申报是3年期（已拿函），现在发行人想提高到5年期？

● **答：** 不行。只能在原来无异议函的期限内进行安排，而从3年变更到5年，等于突破了原来函件所允许的发行期限范围。在表白时，你说的“爱你一万年”可能并不包括“下辈子”。

5

公司债券的创新品种

第一节　基本知识

近几年，在证券交易所上市的债券创新品种不断出现，例如可交换公司债券、可续期公司债券、绿色公司债券、熊猫债券和“一带一路”公司债券、创新创业公司债券（俗称“双创债”）、创新创业可转换公司债券（俗称“双创可转债”）等。品种日益丰富，进一步满足了市场的需求。

可交换公司债券

可交换公司债券是指上市公司的股东依法发行，在一定期限内依据约定的条件可以交换成该股东所持有的上市公司股份的公司债券，是带有换股条款的公司债券。债券持有人多了一层保障，那就是发行人持有上市公司的股份。在债券最后还本付息时，如果发行人违约，债券持有人只要在网上就可以完成换股。与普通的公司债券违约相比，债券持有人的麻烦会少很多。

可交换公司债券对于债券持有人来说，“进可攻，退可守”。当股价上涨时，在换股价格未修正前，债券持有人完成换股，将获得更多的收益；当股价下跌时，债券持有人换股若不划算，可不换股，最后要求发行人还本付息，照样有利息的收益。可交换公司债券的发行人可以约定换股价格调整机制，从而尽量保证换股时不会付出太多的“代价”。

可交换公司债券是一个比较受投资人欢迎的品种。特别是在经济下行时期，民营企业融资存在一定困难时，可交换公司债券对于投资人利益的维护有其独到的作用，除非遇到“股市异常波动”。

可续期公司债券

可续期公司债券是指发行人依照法定程序发行，附可续期选择权的公司债券，关键之处是期限可以“续”。发行人在续期或不续期这件事情上握有主动权，只是在行使主动权时有一定的代价。在符合相关要求的情况下，融来的债券资金还可以计入权益。在一般情况下，“发行人敢续，投资者就敢要”，当然也可能出现续不动的情况，比如发行人存在较大的信用风险情况。

可续期公司债券可以面向合格投资者公开发行（公募），也可以非公开发行（私募）。公开发行可续期公司债券，有额度的要求，即累计权益性债券余额不得超过发行人最近期末净资产的40%（请关注国务院对该条件可能出台的新规定）。其中，累计权益性债券余额的计算范围仅包括公开发行的可续期公司债券、可续期企业债。

绿色公司债券

从绿色公司债券的相关背景来看，我国“十三五”规划纲要提出，必须牢固树立和贯彻落实创新、协调、绿色、开放、共享的新发展理念，其中绿色发展成为贯彻纲要的主基调。中共中央、国务院印发《生态文明体制改革总体方案》，进一步明确要求建立绿色金融体系，研究银行和企业发行绿色公司债券融资。从2015年年末开始，中国人民银行、国家发展改革委及沪深两个交易所相继发布绿色公司债券的法规和指引，境内企业发行人民币绿色公司债券随之开启实践的大门。绿色公司债券作为创新的资本市场直接融资工具，用金融的力量来促进国家绿色发展，已经成为我国推进生态文明建设战略、落实绿色发展理念的重要举措。

具体来看，绿色公司债券是指依照《公司债券发行与交易管理办法》及相关规则发行的、募集资金用于支持绿色产业的公司债券。绿色产业项目范围可参考中国金融学会绿色金融专业委员会编制的《绿色债券支持项目目录（2015年版）》及经沪深两个证券交易所认可的相关机构确定的绿色产业项目。根据规定，绿色公司债券的募集资金必须用于绿色项目，即拥有绿色资产的发行人发行绿色公司债券并将募集资金用于绿色产业投资。绿色公司债券募集说明书应当包括募集资金拟投向的绿色产业项目类别、项目认定依据或标准、环境效益目标、绿色公司债券募集资金使用计划和资金管理制度等内容。证券交易所鼓励独立的专业评估或认证机构就拟投资项目和投向属于绿色的产业提交评估意见或认证报告。

中国金融学会绿色金融专业委员会编制的《绿色债券支持项目目录（2015年版）》解释说明了6大类、13小类中国绿色公司债券支持项目的类别和界定条件。另外，2019年3月，国家发展改革委等几大部委联合印发了《绿色产业指导目录（2019年版）》(以下简称《目录》)，要求“各地方、各部门要以《目录》为基础，根据各自领域、区域发展重点，出台投资、价格、金融、税收等方面政策措施，着力壮大节能环保、清洁生产、清洁能源等绿色产业”，目的是“进一步厘清产业边界，将有限的政策和资金引导到对推动绿色发展最重要、最关键、最紧迫的产业上”。该《目录》为后续绿色公司债券的发展带来了较大的影响。

在发行完绿色公司债券之后，在持续信息披露阶段，发行人在定期报告中应披露绿色公司债券募集资金使用情况、绿色项目推进情况和获得的环境效益等内容；受托管理人在年度受托管理事务报告中应当披露绿色公司债券募集资金使用情况、绿色项目进展情况和环境效益等内容；证券交易所鼓励发行人按年度向市场披露由独立的专业评估或认证机构出具的评估意见或认证报告，对绿色公司债券支持的绿色产业项目进展及其环境效益等实施持续跟踪评估。

在支持绿色公司债券发展方面，我国积极推动有利于绿色公司债券发展的财税优惠政策，通过财政贴息、所得税优惠等政策有效降低绿色公司债券的融资成本，提高绿色公司债券的吸引力。

熊猫债券和“一带一路”公司债券

熊猫债券是指境外机构在证券交易所发行的以人民币计价的公

司债券，简单地说，就是境外的主体来中国境内发行债券。熊猫债券作为创新的资本市场跨境直接融资工具，是我国债券市场对外开放过程中的一个重要突破，也是逐步实现人民币资本项目可兑换的关键环节，有利于人民币的国际化。目前，证券交易所也希望吸引更多的境外主体发行熊猫债券，包括境外中资企业（俗称“准熊猫债”）及纯境外企业（俗称“真熊猫债”）。熊猫债券的申报、审核、发行及上市（或挂牌）相关业务流程均在现有的公司债券规则体系框架内，与普通的公司债券并无实质差异和变化，只是个别事项存在不一样的要求。

申报熊猫债券时，境外机构需要出具募集资金使用计划的说明，根据需求在募集说明书中约定资金是在境内使用还是在境外使用（例如，出境或不出境购买原材料）。在境内使用的，应符合境内相关的产业政策等要求；在境外使用的，应当符合外汇管理部门的相关规定（熊猫债券申报过程一般需要知会国家外汇管理部门）。募集资金用途及跨境使用存在两种方式。方式一：募集资金由承销商划到发行人在境内开立的非居民账户，本息付款从非居民账户划转至中国证券登记结算有限公司（上海分公司或深圳分公司），中国证券登记结算有限公司再将本息派发给境内投资者。方式二：发行人与境内子公司签署股东贷款协议，资金由承销商划转至发行人境内子公司的账户，在境内使用，本息付款从子公司账户划转至中国证券登记结算有限公司。

在熊猫债券专项账户管理安排方面，募集资金需通过发行人境外机构境内外汇账户具体划转时，要严格遵循中国人民银行及外汇管理局的即时监管要求。根据银办发〔2016〕258号文，在境内发行人民币债券，当获得有权部门同意人民币债券发行的证明文件（批文）后，境外机构可以选择在境内银行开立境外机构人民币银行结算账户或委托主承销商在境内银行开立托管账户两种方式，用于存放募集资金及办理结算业务。

在会计准则方面，境内外企业遵循的准则存在一定的差异。熊猫债券发行人要遵循中国企业会计准则或经财政部认可的与境内等效的会计准则，目前符合要求的是欧盟成员国和中国香港会计准则；同理，会计师事务所应该是境内会计师事务所或与财政部签署注册会计师审计公共监管等效协议的国家或地区的会计师事务所，目前符合要求的主要是中国香港的会计师事务所。

承销机构、律师事务所及受托管理人应当符合《公司债券发行与交易管理办法》的相关规定。根据规定，境内中介机构可通过部分服务外包合同及相应的质量控制手段加以解决会计准则的差异性问题，但最终需要境内中介机构出具相关申请材料并承担相关的法律责任。

在信息披露内容和范围方面，熊猫债券与境内公司发行债券要求基本一致，内容基本在募集说明书中进行约定。对于境外发行人在境外有发行证券的，因其需要两个交易所进行信息披露，其在境外交易所披露的影响偿债能力的重大事项应同时在境内交易所进行披露，保证多个交易所的投资者获取信息的公平性。

在争议解决方面，发生违约或其他纠纷的争议解决方式可以由发行人和投资人约定采用中国法院判决或国际仲裁裁决。约定采取国际仲裁裁决的，需要在募集说明书中约定或签署仲裁协议，约定仲裁庭及适用的哪国或哪个地区的法律。一些自贸区已经开始引入境外的仲裁机构，未来仲裁的便利性将会提升。

创新创业公司债券

创新创业公司债券，民间俗称“双创债”。中国证监会发布的《中国证监会关于开展创新创业公司债券试点的指导意见》（证监会公告〔2017〕10号），旨在落实创新驱动发展战略，积极支持市场主体创新创业。作为创新品种，创新创业公司债券的发行、交易与信息披露，要符合《中华人民共和国公司法》《中华人民共和国证券法》《公司债券发行与交易管理办法》和其他法律法规及部门规章的规定。实际上，创新创业公司债券是遵循公司债券的现有一整套制度框架，并关注发行主体和发行人行为特性的债券品种。

创新创业公司债券的试点目标是通过开展创新创业公司债券试点，推动资本市场精准服务创新创业，优化处于种子期、初创期、成长期的双创企业的资本市场支持体系，有效增加创新创业金融供给路径，丰富证券交易所债券市场服务实体经济新模式，进一步满足中小微企业的融资需求。

根据规定，目前可以发行创新创业公司债券的公司包括两类，即创新创业公司和创业投资公司。

- 创新创业公司，是指从事高新技术产品研发、生产和服务，或者具有创新业态、创新商业模式的中小型公司。创新创业公司发行创新创业公司债券，应当在募集说明书等文件中就本公司创新创业特征做专项披露，告诉监管部门及投资者公司创新创业的特质；债券承销机构应当依据规定进行审慎筛查，就发行人是否具有创新创业特征发表明确的承销意见。

- 创业投资公司，是指符合《私募投资基金监督管理暂行办法》《创业投资企业管理暂行办法》等有关规定，向双创企业进行股权投资的公司制创业投资基金和创业投资基金管理机构。发行创新创业公司债券募集的资金应专项投资于种子期、初创期、成长期的创新创业公司的股权。

创新创业可转换公司债券

非公开发行的创新创业公司债券，可以附可转换成股份的条款，俗称“双创私募可转债”。附可转换成股份条款的创新创业公司债券，应当符合中国证监会相关监管规定，区别于公募的可转换公司债券。在“双创私募可转债”债券持有人行使转股权后，发行人股东人数要求不得超过200人。新三板挂牌公司发行的“双创私募可转债”转换成挂牌公司股份时，可减免股份登记费用及转换手续费。

在一般情况下，双创企业规模相对较小，需要多方面给予支持以鼓励业务创新，包括但不限于以下方面：

- 丰富可用于增信的资产。拓宽抵质押品范围，研究以发行人合法拥有的依法可以转让的股权或者注册商标专用权、专利权、著作权等知识产权，为创新创业公司债券提供增信等措施，适度降低发行成本，提升发行成功率。

- 增加偿债保障条款。研究设置多样化的偿债保障条款，稳住发行人的偿债能力，包括控制权变更限制条款、核心资产划转限制条款、交叉违约条款、新增债务限制条款、支出限制条款等。
- 当地政府可采取贴息等措施，降低企业发行成本的敏感性，进一步轻松融资。

第二节　有趣问答

可交换公司债券

○ **问：**一家上市公司的第一大股东，拟发行非公开可交换公司债券，理论上，如果投资者全部换股，则该股东可能失去控股权。在这种情况下，将换股价格设得高一些，发行偏债型的可交换公司债券是否可行？

● **答：**不一定可行。如果换股价格理论上是可以修正的，那么后续交易将不好控制。根据《深圳证券交易所非公开发行公司债券挂牌转让规则》第82条第二款的规定，拥有上市公司控制权的股东发行可交换公司债券的，应当合理确定发行方案，不得通过本次发行直接将控制权转让给他人。例如，中国古代的皇帝（控股地位）为了不让大臣们造反，设置了太多的防造反机制（将换股价格设得高一些），但也经常江山易主，历史更迭。皇帝也可以当机立断地退位（失去控制权），但不能通过漫长的"换股期"来表示"慢慢地、一点点地退位"，因为不确定时间太久，会熬死太子的。另外，我们要注意减持新规带来的影响。

○ **问：**发行人（母公司）能否以其子公司持有的上市公司股票发行可交换公司债券？

● **答：**坚持的原则是"谁持有，谁发行"，否则可交换公司债券可改名为"可代他人交换的公司债券"。A公司发行债券，B公司以其持有的股票代为偿还（换股），将会增加链条长度和法律风险，也会增加委托代理的时滞、协调成本及各种不确定性。

○ **问：**可交换私募债的发行人在申报时就需要证券持股信息表，还是在拿到批文后发行前才需要呢？

● **答：**持股信息表是发行人持有上市公司股份的证明，也是申报项目的逻辑前提，用于证明发行人有多少库存的可用于交换的股票。因此，可交换私募债的发行人在申报时就应该有持股信息表，证明换股标的股票的真实持有，否则就如同肥皂剧中的海誓山盟，或者是饿着肚子唱《好日子》。

○ **问：**发行可交换公司债券时，发行人手上还没有标的股票，能不能先进行项目申报，后买入相关标的股票？另外，发行人可以先发行可交换公司债券，再办理股票质押手续吗？

● **答：**都不行，应以发行人手上持有股票作为基础，这是发行可交换公司债券的前提。我想起与此类似的一件事——小朋友看着他爸妈婚礼的照片，责怪道："你们结婚时，现场那么热闹，为什么没叫我？"

○ **问：**可交换公司债券已经有股票进行质押了，为什么我们还要那么关注发行人的偿债能力？

• **答：** 在上次美国大选前，很多人认为希拉里能当选，结果特朗普却赢了，后续还给中国带来了很多影响（如中美贸易摩擦等），当时谁能知道呢？所以，对于“换股还债”或“现金还债”两种可能性，我们都要顾及。世异时移，谁也说不准未来会怎样。

○ **问：** 发行人本身无实质业务，算是一个持股平台，能否以该公司持有上市公司的股权发行可交换公司债券？

• **答：** 因发行人没有实质业务，所以投资者会关注公司债券募集资金的去向，以及投资者未来如果不换股情形下的发行人偿债能力，等等。不用养家糊口的小孩拿着巨额的压岁钱，家长总是非常担心和眼红。我在春节期间就没收了女儿大量的压岁钱（资金占用）。

○ **问：** 上市公司本身是证券公司，其控股股东想发行可交换公司债券，标的股票是该证券公司的，那么该证券公司可以作为此次可交换公司债券的主承销商吗？

• **答：** 在可交换公司债券的募集说明书中，大量篇幅是关于“标的股票”上市公司的情况。若该证券公司作为主承销商发行可交换公司债券，就变成了“证券公司尽职调查自己”，就像某些自评报告一样，就像某些恋人的山盟海誓一样，就像某些明星说永远会行驶在正确的“轨道”上一样，显然会夸大其词。

○ **问：** 我们有一个客户（发行人）想非公开发行可交换公司债券，该客户除了直接持有上市公司股份外，其下属全资子公司也持有上市公司股权。

二者能否发集合可交换公司债券？

● **答：** 母子公司均持有上市公司的股份，若均要发可交换公司债券，最好分别发，以免未来换股时，母子公司因先掏谁腰包里的股票而发生扯皮。父子两人去隔壁店吃夜宵，熟人老板常因为该向谁收钱而手足无措。

○ **问：** 对于发行人持有标的股票的可交换公司债券，信托担保登记和质押登记两种登记方式有啥区别？

● **答：** 主要是“账户开立人”和“名义所有权人”有差异。信托担保的信托登记账户是以受托管理人的名义开的，标的股票名册上（名义上）列载的是受托管理人；质押专户是以债券发行人的名义开立的，标的股票名册上是以债券发行人名义列载的。二者在保护投资者效果上有区别，前者的效果更强，有一定的破产保护作用。记得1994年，在我读小学五年级时，爷爷帮我预存的那一部分彩礼钱（将来“可交换”成老婆），直接是用我的名字开的账户，连爷爷也动不了这账户里的钱；而爸爸帮我准备的彩礼钱，存放在他自己的账户里，经常被他拿去买烟。具体可咨询中国证券登记结算有限公司。

○ **问：** 按规定，在公募可交换公司债券发行申请时，用于交换的股票为无限售条件股份，在发行前不存在查封、扣押、冻结等财产权利受限制的情形。按照上述字面意思，对于公募可交换公司债券，如果用于交换的股票在申请时存在质押，那么我们可通过在申报材料中说明发行前解质押相关安排，并承诺发行前完成解除质押的方式，解决股票存在质押的问题。上述理解，是否准确？

● **答：** 认同，申报时要处于非限售状态。在步入婚姻殿堂前（发行前），我们要记得清理各种感情债（解质押），方可欣喜若狂地进入另一种形式的“枷锁”和“束缚”（可交换公司债券标的股票质押）。

○ **问：** 发行人问什么是可交换公司债券的含权条款，如何通俗地跟他们讲？

● **答：** 就像赴美生子，在实践中，孩子在未满18周岁以前将同时持有美国护照和中国旅行证（是股是债都有可能）出入中美两国国境。18岁成人后（换股期到了），孩子将拥有一次选择国籍的机会（换股或不换股）。根据相关规定，一旦加入外国国籍，即自动丧失中国国籍，不能申请中国护照或旅行签证（换股后，债券不存在了，获得股权）。一切以国家的相关规定为准。

○ **问：** 同一发行人申报的可交换公司债券里，设置了两个不同的品种，这两个品种拥有不同的期限（换股期）。这两个品种可以不同时发行吗？

● **答：** 只要在批文的有效期里，可以同时发行，也可以不同时发行。就像表白成功后，你可随时将银行卡交给对方保管。给一张还是同时给两张，你自己定吧，以往后自身生活不困难为底线（有偿债能力）。

○ **问：** 发行人拟发行可交换公司债券，标的股票在A交易所，能否在B交易所申报该可交换公司债券？

● **答：** 用于交换的“标的股票”在哪个交易所，一般就在那里申报可交换公司债券项目，即“股在哪，债就在哪”。进入换股期，在投资者行使换股权利时，后台有一系列的技术动作：要相应减记债券总张数，减记投资者账户上的债券张数，同时减少发行人账面的持“股”数量，增加投资者账面的持“股”数量。若债券（可交换公司债券）和股票分属不同的交易所，那么相关数据改变等一系列动作将很难完成。就是说，“隔山唱情歌”效果较差；眉目传情太耗电或无信号，容易耽误时机；而“促膝深情长谈”，更容易有进展。

○ **问：**同一家主体以两只不同的标的股票发行私募可交换公司债券，是否需要准备两套申报材料？可否以一套材料进行申报？

• **答：**可用同一个项目申报，分两个品种（发行后有两个或以上的证券代码），每个品种对应一个标的股票。针对此种做法，我们要关注以下三点。一是发行人的整体偿债能力，包括考虑两只债券在不换股条件下的发行人偿债能力（发行人赎回、投资者回售、投资者最终不换股等情形）。如果你在两个饭局间串场喝酒，那么谁都会觉得你在本桌喝得不够，你难免会喝多——“偿还酒债”能力在下降。二是募集说明书可能较长，涉及相应的标的股票上市公司以及相关产品设计的诸多描述。三是考虑前后发行或同时发行的问题。两个标的股票价格有差异，发行利率会受到稍微影响，所以发行人要把握发行时机。

○ **问：**在私募可交换公司债券的发行条款中，赎回条款是不是必要条款？回售条款呢？

• **答：**需要发行人综合考虑、权衡。在设置赎回条款方面，发行人可自愿，但要考虑市场效果和组合拳，毕竟资本永不眠。若没有赎回条款，换股价格又没有上修条款，那么在股价大幅上涨时，发行人就亏大了。在回售条款方面，若换股价格没有下修条款，那么在股价大跌时，票面利率不高，投资者因不能回售将产生不满情绪。

○ **问：** 在材料申报阶段，私募可交换公司债券标的股票可以是质押状态吗？在发行前解除质押状态再为可交换公司债券提供质押担保，办理质押登记，可行吗？

• **答：** 应该可以。根据非公开发行公司债券挂牌转让规则的规定，预备用于交换的股票在债券发行前，除了为本次发行设定担保外，不存在被司法冻结等其他权利受限情形。开始新恋情时（发行时），你要和上一任划清界限。可交换公司债券发行就是新恋情开始时点。具体口径需要关注证券交易所的相关审核标准是否有变动。

○ **问：** 在同一期发行的私募可交换公司债券中，是否可以约定用于质押的部分流通股锁定期为12个月，其余限售股锁定期为20个月？

• **答：** 根据2018年12月7日发布的非公开发行公司债券挂牌转让规则的规定，预备用于交换的股票应当不存在限售条件，且转让该部分股票不违反发行人对上市公司、投资者和本所等的承诺。也就是说，存在限售情况的股票，在解除限售后才可以申报和发行，即申报和发行的股票必须是拥有自由身的股票。原来私募可交换公司债券申报的规则，允许处于限售期的股票申报私募可交换公司债券并发行，发行后进入换股期前解除限售即可。在申报私募可交换公司债券时，处于非限售期的股票可以分成两个品种（两个证券代码或更多），换股开始的时间约定有差异。但投资者一般比较着急，因为换股期时间较长，销售压力和利率成本可能会提升。

○ **问：** 某上市公司股东计划将全部股票都发行私募可交换公司债券，考虑到发行存在溢价率，申报材料时申请的规模可以比当前市值高吗？

• **答：** 一是要有初始担保比例和维持担保比例，具体比例好像没有明确要求，但太低的话，投资者会用脚投票。例如，我出差3天，一般会带4件衬衫，以保持一定的覆盖比例。二是全部股票质押发行可交换公司债券，要考虑到换股价格下修后的维持担保比例情况，若没有多余的股票用于补充质押，那么风险缓释措施将不可或缺，例如现金赎回或其他方式。五星级酒店的卫生间永远有两卷手纸，这就是风险防范措施。三是相关股东不能通过发行可交换公司债券而丧失控制地位。

○ **问：** 发行人是纯粹的持股平台，自身没有什么业务，是否可以发行私募可交换公司债券？如果发行人出具了标准无保留审计报告，标的股票上市公司出具了保留意见审计报告，那么发行人能否发行私募可交换公司债券，是否需要额外提交什么资料？

• **答：** 如果发行人本身没有业务，是“养老型”的持股平台，那么发行人会关注募集资金的必要性和合理性、未来投向与偿债能力的关系等，同时也会关注其现金偿债能力（非换股）。例如，当股价下跌、换股价格下修时，发行人因为股票不够，便会采取相关风险缓释措施（如触发赎回条款），仍然要掏出真金白银。如果标的股票上市公司出具了保留意见审计报告，那么发行人会关注标的股票作为权利质押的市场价值影响及风险，也担心可交换公司债券投资者用脚投票。

○ **问：** 房地产上市公司的控股股东（发行人）发行可交换公司债券，适用《关于试行房地产、产能过剩行业公司债券分类监管的函》吗？

• **答：** 需核查发行人的行业类型。发行人（控股股东、母公司）行业类型可参照《上市公司行业分类指引》执行，以具体收入、利润等作为判断依据。当子公司（房地产上市公司）是家中的“顶梁柱”时，人们认定母公司（发行人）属于房地产行业就很正常。

○ **问：** 如果可交换公司债券的发行人报告期内主营业务收入很少，那么发行人可否以减持为目的发行私募可交换公司债券？目前已经有投资者愿意认购。

• **答：** 若有赎回条款，发行人在触发赎回时，需要拿现金偿债；若投资人不换股，最后也得拿现金偿债。如果主营业务收入很少或为零，那么发行人会关注募集资金的去向，会关注募集资金的必要性和合理性、未来投向与偿债能力的关系等。如果已有投资者愿意认购，审核条件仍是一致的，那么发行人不会降低标准，毕竟债券是标准产品，发行后仍会流通转让。就像在亲戚家公司上班的毕业生，仍然要严格要求自己。从长远来看，该毕业生换工作也是正常的，毕竟人是具有流动性的。

○ **问：** 如果上市公司推出“10送10”方案，那么可交换公司债券的发行人要如何进行换股价格下修？

• **答：** 需要提前发公告，调整换股价格，并明确新的换股价格的实施日。否则换股价格未向下修正，投资者换股必然带来损失。如果一张10元的纸币可以撕成两半当作20元使用，那么水果店老板肯定要把“半斤”当成“一斤”，不然他就亏大了。

○ **问：**发行可交换公司债券，但股票暂时还未过户到发行人名下，发行人可否先申报拿批文，在发行前再把股票过户到自己名下？

• **答：**能拿可交换公司债券的批文，是因为发行人“谷仓”里有米（股票）。批文面对的是确定事实，而不是未来可能或有很多变数的“事实”（股票过户可能有障碍或纠纷）。就像我女儿在两岁多时，会用擦过桌子的餐巾纸来给我擦嘴，然后再擦她自己的嘴。我总是欲哭无泪，因为顺序乱了。

○ **问：**境外注册的公司持有境内上市公司的股票，可以发行可交换公司债券吗？

• **答：**这种项目实质上为“熊猫债券+可交换公司债券”，发行人应当符合熊猫债券的发行条件，目前主体和债项均要求为AA+（发行人应时刻关注标准是否发生变化）。另外，证券登记结算机构要能为作为境外主体的发行人办理标的股份信托担保（以受托管理人的名义）或质押（以发行人的名义）手续。就像海外的华侨临时回国处理事务，用境内资产做担保融资时，总要满足一些要求，也要找得到地方办担保质押。具体以监管部门的意见为准。

○ **问：**总体股票质押率超过50%的上市公司，其股东做可交换公司债券的话，会受到质押率超过50%的影响吗？

• **答：**根据《股票质押式回购交易及登记结算业务办法（2018年修订）》

的要求，某笔股票质押式回购交易不得导致单只A股股票市场整体质押比例超过50%。该要求针对的仅是“股票质押式回购交易”这一业务，因此发行可交换公司债券暂时不受其影响。就像在穷苦年代，哥哥娶媳妇会用光家里的钱，虽不影响弟弟拥有娶媳妇的权利，但弟弟（股票质押式回购交易）没钱办婚礼了。反过来，如果发行可交换公司债券，那么纳入质押计算的口径包括质押专户中的股票，不包括信托担保账户中的股票。也就是说，发可交换公司债券可能影响其他股东进行股票质押式回购。具体以监管部门的意见为准。

○ **问：** 对于无实际控制人的上市公司第一大股东（与第二大股东差9%），发私募可交换公司债券时是否有规模限制？

● **答：** 要求不能改变大股东身份。审核人员会结合标的公司的股价、市值综合判断，并关注偿付风险和换股不足风险。控制地位是很重要的。今天我与媳妇讨论事情，话不投机，她便动手掐人。我说君子动口不动手，她说“家里哪有君子？”。

○ **问：** 发行人已申报了一个可交换公司债券项目，其下属子公司A（上市公司）拿了可转换公司债券的批文要发行。发行人确认其会参与认购可转换公司债券，但明确表示不会转股。若发行人就不转股专门做出承诺，那么该操作是否可行？

● **答：** 可交换公司债券实为拟卖出股票，可转换公司债券实为拟增持股票，二者交易方向相反。若发行人已发行了可交换公司债券，并拿了可转换公司债券的批文，就可转换公司债券不转股专门做出承诺，那么监管部门仍然会面临着较大的监管压力，后续监管难度较大，届时可能控制不了发行人的行为。如果发行人真触发了短线交易，那么监管部门要怎么处理，还让不让其接着换股？

○ **问：** 某集团A及其下属全资子公司B分别持有上市公司C的股份，现在集团A发行可交换公司债券，是否可以用A及B所持有的全部上市公司C的股份作为发行标的？

• **答：** 还是那句话，即“谁持有，谁发行”。在法律上，母子公司系两个不同主体。如果母公司发行可交换公司债券，后续换股还需要向子公司借股票用于交换偿债，那么此举便拉长了操作链条，也存在不确定性。例如：当股价上涨时，换股价格未修正，如果投资人大量换股导致股票不够，那么着急的是实际欠债的母公司，子公司（未欠公司债）却可能坐视不管。子公司此时往往较自由，就像《旅行青蛙》里的青蛙儿子一样。但《旅行青蛙》的设计师坦白：“青蛙是丈夫，不是儿子。”女网友便留言：“是老公的话，出去饿死就饿死吧。”所以，人时时刻刻要对自己的家庭地位有清醒的认识。

○ **问：** 发行人有部分股权处于质押状态，可否在设计可交换公司债券发行方案时，先将未质押的股票作为交换股票，发行第一期债券，将部分募集资金用于偿还原质押借款，解除原质押状态的股票；再将新解除质押的股票作为交换股票发行第二期债券？两期债券作为一个整体方案可否只申请一个无异议函？

• **答：** 一般要求在可交换公司债券发行前，解除股票的原有质押，并办理可交换公司债券对应股票的质押手续。每一期可交换公司债券在发行前，均要保证与其对应的标的股票是没有质押的“自由身”。可交换公司债券进入换股期时，应有充足的、拥有“自由身”的流通股作为用于交换的标的股票。另外，在一般情况下，募集资金是用来偿还质押借款的。

○ **问：** 可交换公司债券发行人于2018年12月增持了上市公司股份，6个月内完成可交换公司债券的发行，是否会被认定为短线交易？

● **答：** 两个时点（增持股票和发行可交换公司债券）要间隔满6个月，且不影响可交换公司债券项目的申报。如果你父母说你在新的工作岗位（增持）肯定待不了6个月，那么你为了打破他们的偏见无论如何都要坚持6个月，但这并不影响你着手寻找新的工作。具体以监管部门的意见为准。

○ **问：** 可交换公司债券项目发行人是市属国企，标的股票是民企，非控股，它受《财政部关于上市公司国有股质押有关问题的通知》“国有股东授权代表单位用于质押的国有股数量不得超过其所持该上市公司国有股总额的50%”的限制吗？

● **答：** 这需要咨询当地国资等主管部门的意见，交易所主要要求申报可交换公司债券的项目具有合规性。婚姻登记处一般不会问领证者是否经过了双方父母的同意，但并不等于领证者可以不管父母的意见了。

○ **问：** 可交换公司债券上市公司的第一大股东的实际控制人是第二大股东，根据可交换公司债券的要求，第一大股东不能通过发行可交换公司债券丧失控股地位。在考虑发行可交换公司债券的额度的时候，发行人能否把实际控制人的股份直接算作第一大股东能够控制的呢?

• **答:** 从实质上讲，可交换公司债券要求发行人不会因发行可交换公司债券而丧失实际控制地位，而不是名义上或表面上的失去第一股东地位。例如，某男在家里收入是最高的（像第一股东），但实际经济权利相当小，那是因为其媳妇作为实际掌权者没变更。这样的经济权利配置有利于家庭稳定，开源“截”流。

○ **问:** 如果第三大股东是第一大股东的全资子公司，即使第一大股东在股票质押之后，会失去第一的位置，但是实际控制人仍然是原来的第一大股东，那么原第一大股东能不能发行可交换公司债券?

• **答:** 发行可交换公司债券要求发行人不丧失对上市公司的实际控制地位。在皇帝（第一大股东）退位后，太子（第二大股东）继位，变成了第一大股东。如果太上皇（原第一大股东）与旧臣（第三大股东）仍然掌握实权，属于一致行动人，那么原第一大股东也是可以发行可交换公司债券的。

○ **问:** 关于可交换公司债券的标的股票因重大事项停牌的，根据现在的政策，债券是否要暂停转让但不用暂停换股，或者债券也不需暂停转让?

• **答:** 若可交换公司债券标的股票停牌，那么债券一般同步停牌。对于已进入换股期的可交换公司债券，停牌是否同步停止换股要看募集说明书的约定。如果募集说明书约定同步停换股则同步停，未约定的视发行人的意愿而定。如果已约定同步停换股却想更改的，那么投资者等主体可以召开持有人会议（个人意见）。举个不太恰当的类比：有两个商贩，一个卖苹果（股票），一个卖土豆（可交换公司债券），若同时被关进小黑屋（都停牌），他们便失去了“货币+实物”交换的市场。但两个商贩能不能“物物交换”（苹果交换土豆），则要看两个商贩的意思，要么募集有约定，要么临时达成协议。否则，在可交换公司债券的生命快要终结时，他们仍不能出小黑屋（若股票长期停牌）。

○ **问：**发行人在发行可交换公司债券的过程中没有标的股票可补充质押了，但是发行人的实际控制人有标的股票，能把发行人的实际控制人的股票用于补充质押吗？

• **答：**在一般情况下，第三方帮着补充质押存在可行性。从法律角度来看，第三方补充质押实质上相当于将标的股票的所有权从第三方转移到了发行人手上，并需办理补充质押手续。登记结算机构办理补充质押需要点时间。哪怕实际上并没有将所有权转到发行人手上，只划进了质押专户或信托专户中，发行人至少也有了处分权，可以把股票用于清偿发行人所欠的债务。以上是个人意见，具体操作需要跟办理质押的登记结算机构进行事前沟通。补充一下，如果是质押专户，那么名册上是把质押专户的持股合并到债券发行人A股账户中列示（在债券发行前，债券发行人办理质押时会维护一个质押专户和发行人A股账户的对应关系），即“所有权人”是债券发行人；如果是信托账户，名册上是以受托管理人名义列示的，信托账户本就是以受托管理人名义开立的。二者存在差异，具体以监管部门的意见为准。

○ **问：**在我们拿到可交换公司债券的无异议函后，买方希望我们将“可交换公司债券转股价格向下修正条款”中的“可以”调整为“应当”。此种修改需要履行特殊程序吗?

● **答:** 在期后（拿了批文之后、发行前的时点）重大事项里说明即可。当销售比较困难时，投资人肯定是比较强势的——降低换股的每股“单价标签”，减少投资人换股的债权损耗，这也符合其偏好和诉求。监管方比较敬畏市场，因此会为市场化提供便利。

可续期公司债券

○ **问:** 发行人主体评级AA+，想发可续期公司债券，是否需要增信为债项AAA ?

● **答:** 据此前的消息，可续期公司债券由原来试点期间要求债项AAA调整为发行人主体评级和债项评级均达到AA+及以上，范围拓展了。公开发行可续期公司债券，累计权益性债券余额不得超过公司最近一期末净资产的40%。累计权益性债券余额的计算范围仅包括公开发行的可续期公司债券、可续期企业债。

○ **问:** 可续期公司债券在会计上计入权益后，在之后计算发债额度时，是否要从净资产中扣除?

● **答:** 可续期债所增加的那部分权益，在之后发公募债计算40%时，不能计入净资产，得剔除。已植入体内的硅胶，若无排斥反应（可计入权益），能够美化“外表”和报表。体检时，医生虽然仍会将硅胶计入体重，但本质上，硅胶与肉体还是有差异的。另外，发行人发行的公募可续期公司债券不占用普通公募债40%的额度。当然，整形自由，本人接受这个世界的多样性。

○ **问：** 普通公司债的净资产中含可续期公司债券，需要扣掉可续期公司债券额度再计算40%吗？

• **答：** 无论是发行可续期公司债券还是普通公司债券，在计算40%时，净资产都要扣掉可续期公司债券额度。就像在你小时候，父母都会说你要好好读书，将来幸福的是你自己，他们以后用不着你养。父母允许你把尽孝责任不断往后续期，但是等你到了中年，不管是物质层面还是精神层面，你总想为父母多多尽孝，你（发行人）拥有主动权（续不续，由发行人说了算）。尽孝是一种权利，但更是一种义务和责任，就像可续期公司债券早晚要还一样。你不妨先把这些责任放入自己当下的行为当中（从净资产中扣除）。

○ **问：** 企业已经申报了一只公募可续期公司债券，能否同时申报一只非公开的可续期公司债券？

• **答：** 可续期公司债券和普通公司债券属于不同债券品种，可以同时申报，不存在冲突。

○ **问：** 可续期公司债券可以聘请多个受托管理人吗？

• **答：** 同一个债券可以聘请多个受托管理人，只要他们之间不排斥，主体符合相关要求即可。债券市场需要更多主体肩负起“长明灯”“警报器”“守夜人”等角色；冬天里的投资人更需要温暖的“棉衣”来保护他们的权益；特别是在风险处置时，投资市场需要更多的主体为投资者的利益而奔走。

○ **问：**债券募集说明书有加速清偿、交叉违约条款，对可续期公司债券计入权益有什么影响？

● **答：**加速清偿、交叉违约条款对募集资金计入权益是有影响的。发行人要有清偿本息的改期主动权，加速清偿、交叉违约等于将主动权交给了债券持有人或其他主体。就像亲戚或父母借给你买房的钱，说有钱了再还，不着急。这时，主动权完全在你自己手上。这就是期限可续，可尝试计入权益。如果朋友借钱给你时约定了还款时间，那么你到期再续便会有损你的信用，对方将表示“不再是朋友了”。此时，你就失去主动权了。

○ **问：**发行可续期公司债券，是不是一定要计入权益？

● **答：**可续期公司债券没有强制要求计入权益，关键是要对得起“可续”这一特征。可续期公司债券若要计入权益，要求发行人在还本付息方面具有极强的主动性，一般不允许出现交叉违约、加速清偿、债券持有人回售、强制付息等条款。当然，若不能计入权益的话，可续期公司债券就不能单独计算40%的额度了，有点亏。具体以监管部门的意见为准。

○ **问：**目前AAA煤炭企业发行可续期公司债券有政策限制吗？

● **答：**没有政策专门限制煤炭企业。目前，可续期公司债券发行人暂时主要限制房地产企业。

○ **问：** 可续期小公募债，原审核时计入权益核算。目前，由于债券销售困难，发行人拟在发行时加设投资者回售权条款，将本次债券原计入权益核算修改为计入负债核算，是否可行？

• **答：** 能不能事后加入回售权条款，这个有待监管部门决定，我们试着做点分析。如果是在拿批文后加入回售条款，等于发行人存在丧失主动续期的可能性，那么投资者一旦行使了回售权利，便会吃掉发行人进行续期的权利，即可续期公司债券可能“不再延年益寿”。另外，若允许加入回售条款，可续期公司债券就不能计入权益，也就不能单独计算可续期公司债券40%的额度了，而要计入普通公募债40%的额度，很有可能与其他既存或拟报的公募债叠加，额度生变。这样的话，原来的普通公募的额度就有点憋屈，发行人还可能要向证监会做重大事项报告。

绿色公司债券

○ **问：** 上市公司拟作为发行主体发行绿色公司债券，但绿色公司债券募投项目业主方属于该上市公司的非全资子公司。在此种情况下，能否由上市公司发债后借给并表子公司建设绿色项目？

• **答：** 公司债券的募集资金原则上可以借给并表的子公司使用，绿色项目在子公司名下，母公司发绿色公司债券目前不会构成多大的障碍。皇宫“紫禁城”要发债给其绿化良好的“行宫”用，应该是允许的，因为行宫是隶属于皇宫的。

○ **问：** 发行人可以同时申报普通小公募和绿色小公募债券吗？

● **答：** 对于同一品种，答案仍然是“吃完这碗，再打第二碗”。在一般情况下，“绿巨人”（绿色小公募债券）和普通的“巨人”（普通小公募债券）可以算两个品种，因为前者不是人（是“绿巨人”）。因此，发行人可以同时申报普通小公募和绿色小公募债券。

○ **问：** 绿色公司债券和普通公司债券都想做非公开发行（私募债），同一发行人能同时申报吗？

● **答：** 属不同品种，可以同时申报，此时的原则是“打一碗米饭的同时，可以打一碗汤”。

○ **问：** 一只绿色公司债券，用于备案制募投项目，具备“备案表”（“审查意见的函”或者其他同等效力的文件）、“环评批复”、“土地证”（“用地预审意见”或者土地出让合同）三个文件，是否可作为募投项目申报？

● **答：** 可以。在一般情况下，绿色公司债券募集资金应主要用于绿色产业建设、运营、收购或偿还绿色产业项目贷款等，相关文件要足以证明项目的存在、内容、合规等即可。

熊猫债券和“一带一路”公司债券

○ **问：** 证券交易所关于熊猫债券的申报有哪些要求？

● **答：** 据监管部门的相关消息，熊猫债券申报要求放松为：主体和债项均为AA+及以上；发行人境外主体评级原则上不低于投资级（含BAA3/BBB-）及其同等级别。

○ **问：** 现在港股上市公司主体能否在国内交易所发行非公开公司债？

● **答：** 境内注册的港股上市公司可在国内交易所发行公司债券，“股在香港，债在境内”并无不可。只是信息披露要顾及两个市场，特别注意信息披露的公平性。就像在春节时我给我的两个亲妹妹发红包，常常要注意“同时、等额（她们觉得最好是大额）”原则，否则我会被群起而攻之。另外，若是在境外注册的公司，主体和债项均符合AA+条件的可在交易所发行熊猫债券。

○ **问：** “一带一路”公司债券分为三类：第一类为“一带一路”沿线国家（地区）政府类机构在交易所发行的政府债券；第二类为“一带一路”沿线国家（地区）的企业及金融机构在交易所发行的公司债券；第三类为境内外企业在交易所发行的，募集资金用于“一带一路”建设的公司债券。那么新疆的企业应该属于第二类还是第三类？

● **答：** 根据《交易所关于开展“一带一路”债券业务试点的通知》，第二类主要指注册地在“一带一路”沿线国家（地区）的企业及金融机构，属于按“境外身份识别”，不包括国内省份。境内企业属于第三类，需要符合第三类相关要求。

○ **问：** “一带一路”公司债券对项目有具体要求吗？一个是高速公路但没有收费权收益，另一个是高速公路并且有收费权，两个项目均入省“一带一路”项目库。这两个项目哪个可以作为募投项目发行“一带一路”公司债券？项目本身还没有收益，只要入库就可以作为募投项目发行吗？

● **答：** “一带一路”倡议具有重要的意义，国家也积极支持“一带一路”

相关的融资行为。请根据证券交易所发布的《关于开展"一带一路"债券业务试点的通知》进行办理。若该"一带一路"债券项目较特殊，发行人可与相关部门具体沟通。公司债券主要看发行人主体，把发行人当作一个整体来看待；项目收益或ABS则主要看发行人的局部。这就像人们会关注时装模特的全身而只关注"手模"的手一样。所以，做"一带一路"公司债券，项目收益债的思维不一定都能适用。另外，如果入库项目没有收益（也请关注是否属于公益性资产），那么在发行时，市场也会因关注其偿债能力而在发行利率上有所体现。

创新创业公司债券和双创可转债

○ **问：** 对于发展创新创业公司债券，你有什么思路和想法？

● **答：** 我的思路和想法如下：

政策铺路往前推，股债结合有回馈。
政府多办相亲会，公共支持要干脆。
中介收费不太贵，吸引金主略陶醉。

○ **问：** 目前，上市公司可以发行可转换公司债券，那么非上市公司可以发行可转换公司债券吗？

● **答：** 创新创业可转债已经正式落地，对赌等行为可以得到进一步的规范，并将从"搭讪"的隐晦求偶行为直接转为双方均心知肚明的"相亲行为"。首单创新创业可转债"蓝天转S1"于2017年10月16日完成发行，首年利率2%，第二年利率4%，第三年利率18%，实行弹性利率，实际上也将对赌条款阳光化了；自发行结束之日起6个月后可以转股；设置了2次转股申报期，每次转股申报期均为10个交易日；自发行结束之日起，满6个月后的第一个交易日至第十个交易日为第一次转股申报期。自第一次转股申报期结束之日起满3个月后的第一个交易日开始，连续10个交易日，为第二次转股申报期；转股时，对于不足转换成一股的公司债券部分，发行人可与投资人协商处理，并以现金方式直接支付给投资者。另外，首单非新三板挂牌企业创新创业可转债“价值转S”于2017年12月12日完成发行，年利率2.8%，为更大范围创新创业企业融资提供了借鉴样本。创新创业可转债利用含权价值降低科创型中小企业融资成本，助力服务国家创新驱动发展战略。

○ **问：**发行人主营业务为股权投资（所投企业都是非上市且从事实业经营的公司），想申报私募公司债，是否有障碍?

● **答：**根据《中国证监会关于开展创新创业公司债券试点的指导意见》，创投公司目前可选择发行创新创业债券；发行人要符合《私募投资基金监督管理暂行办法》《创业投资企业管理暂行办法》等有关规定；向创新创业企业进行股权投资的公司制创投基金和创投基金管理机构，募集资金应专项投资于种子期、初创期、成长期的创新创业企业的股权。另外，根据《创新创业公司非公开发行可转换公司债券业务实施细则（试行）》，发行人甚至可以发行带转股条款的创新创业债券。目前，创投公司作为发行人的主体资质可能受到一定的限制，因为私募股权投资在投资项目成功率、退出周期与偿债资金流动性等方面比较受关注。实际上要解决的问题包括：发行人发展（投资项目）与未来偿债能力的匹配问题，热情投资与过日子的关系，“养娃太慢”与“父债子还”的迫切性问题（“子”指项目）。

○ **问：** 对于创新创业可转债可以将某些对赌条款规范化，你能否举个例子？

● **答：** 确实有这个效果。例如，某个创新创业可转债利率可以设定为第一年3%，第二年6%，第三年18%。第一年3%的利率体现了投资者对发行人发展的关爱与扶持。投资者本想在第二年转股，若发行人第二年业绩达不到要求，那么投资者可不转股（收取6%的利息），第三年就收取18%的高额利息。实际上，这也是在给发行人施压，希望发行人在第二年就把业绩做出来，转股后双方就没有关系了。否则，第三年，投资者就会在财务成本上让发行人“肉疼”（不转股），而投资者照样有一定的收益。

6

公司债券募集资金的使用

第一节　基本知识

募集资金合规使用的重要性

公司债券募集资金的合规使用规范很重要。发行人千辛万苦募集而来的债券资金，需要投入募集说明书中经投资者认可的重要方向和领域，这也是维持发行人偿债能力所必需的，是发行人发展过程中的重要一环。

但是，在实践中，发行人对募集资金的使用也存在一定的乱象，私自挪用、转借他人、被占用、被集团公司拿去统筹等现象偶有发生，明显违反了募集说明书的约定和相关规定，在一定程度上影响了发行人的发展，也给发行人未来的偿债能力带来了额外的风险。所以，管好公司债券募集资金专户这个“钱袋子”很有必要，也是维护债券持有人权益的重要一环。“借钱就要借给守规矩的人”，否则债券持有人的利益可能就会受到影响。

募集资金的存放之所

当发行人募集到资金后，钱存于何处？怎么管理？根据《公司债券发行与交易管理办法》第十五条的规定，发行人应当设立募集资金专户，该专户独立于发行人的其他资金账户，专门用于募集资金的接收、存储、划转及本息偿付，以实现资金使用留痕。募集资金专户由受托管理人、监管银行等负责监督管理。受托管理人应当持续关注发行人募集资金专户的情况，如果发现异常，例如资金被挪用、账户混同等，应及时向证券交易所报告并向债券投资者披露。监管部门鼓励债券发行人、受托管理人与专户开户行通过签订多方监管协议等相关安排，保证募集资金按规定和约定使用，并保证受托管理人等主体有权随时查询专户资金使用流水等情况。募集说明书中最好能增加发行人违规违约使用公司债券募集资金时的责任条款和纠正条款等。

募集资金使用的细节挺多的，就在以下的问答中体现吧。

第二节　有趣问答

募集资金与银行的关系

○ **问：** 受托管理人与发行人及银行签署公司债券项目资金监管协议，必须在什么时间内签署？发行完再签署可以吗？

● **答：** 若要未来行动显得从容，就应未雨绸缪，受托管理人要保留随时“窥视”资金情况的权利。《公司债券受托管理人执业行为准则》第十三条第二款要求，募集资金到账后一个月内签订三方协议。但资金到账后，券商对银行的把控能力及对三方协议的主导优势可能会骤降，且很多债券募集资金一个月之内就用完了，真空期较长，容易产生异议。因此，我建议相关各方在公司债券项目发行前或申报前就签好协议，以免夜长梦多。

○ **问：** 已完成发行的公司债券，出于维护银企关系的目的，想增加一个募集资金账户，需要开债券持有人会议吗，还是董事会决议即可？

● **答：** 有几点需要注意：一是看募集说明书是否约定了此事项属于债券持有人大会监管的事项；二是要处理好与前一监管银行募集资金存款额度减

少的违约纠纷事项；三是如果多个专户的资金有类似或共同的用途，那么你要在这些专户之间合理安排信息共享，否则容易出现约定用途比例甄别困难、发行人向各个专户重复要钱等问题（可考虑分期发行，各期放在不同的专户里）；四是受托管理人履职难度增大，某家银行不配合，受托管理人难以了解募集资金使用的全貌。根据生活经验，如果你把私房钱放在几个地方，不仅自己都容易忘，而且当家中“执政党”（媳妇）问“还有没有”时，虽然你能坦然、不露怯地回答说“没有”，但她在事后又找到了一些……

○ **问：** 一次债券分三期发行，设立两个募集资金专户，一个偿债专户，可否？

● **答：** 分三期发行，个人建议分设三个募集资金专户，如此便不容易混淆各期的资金。《公司债券发行与交易管理办法》第十五条规定，发行人应当指定专项账户，用于公司债券募集资金的接收、存储、划转与本息偿付。可见，募集资金专户功能多样，不只是接收募集资金或偿债。这就好比三个已分家的兄弟，钱还放在一起花，债务也一起扛，这种情况下不仅家中的媳妇不答应，三个老岳父也不会答应，因为三兄弟可能还欠着彩礼钱呢。

○ **问：** 募集资金和偿债专户可以开在同一家银行的同一个账户吗？

● **答：** 可以。根据证监会《公司债券发行与交易管理办法》第十五条的规定，发行人应当指定专项账户，用于公司债券募集资金的接收、存储、划转与本息偿付。依此规定，该账户就是专属于此次债项的，与其他资金或其他债券资金不混同。这好比婚姻双方情感专一，没有劈腿，哪怕最终是一段有期限的爱情。当然，“爱你一万年”的承诺，本质上是虚假陈述，因为人活不了一万年，除非加注“‘万’字属于虚化数”。

○ **问：** 同一个非公开公司债项目，分三期发行，三期发行的募集资金是否可存放在不同的监管银行？由于投资者都有存款要求，只能尽可能满足他们的要求。

● **答：** 对应三个证券代码的公司债券募集资金，算是三家人，可以自由选择募集资金的“安家之所”。但要尽量保证受托管理人前往三家银行“窥视”资金情况的权利，在“白纸黑字”的协议上做好相关安排，即事前就尽量保护好投资者和受托管理人自己，以免受托管理人日后“被动”“无权”。

募集资金使用的具体场景

○ **问：** 上市公司债发行人的募集资金如果用作补流，那么它们可以用作股东的分红款吗？

● **答：** 募集资金用于补充“营运资金”，不建议用于对发行人股东的分红：一是“营运资金”体现在经营活动现金流当中，对股东分红则不是（个人意见）；二是分红与债券募集资金本意要符合，要与募集说明书要求的“必要性”“合理性”相一致，另外分红动用债券募集资金，其发债必要性也存疑；三是募集资金不能用于非生产性支出。总之，男方借钱来给岳母发压岁钱，总感觉不妥，或表明其家庭地位有待提升。

○ **问：** 棚改公司债项目没有建设部分，全部进行货币化安置，与政府签订政府购买协议并纳入当地财政预算。该安置费用可以用作类平台公司私募公司债的募集资金吗？

● **答：** 据了解，政策扶持处在“地平线下”的保障房，建议该安置费用用于建设。

○ **问：** 报告期政府性收入超50%的退平台公司，若募投项目是省级保障房，那么募股资金除投向保障房建设外，其余部分是否可以用于补流或偿债？

● **答：** 这是因为超了50%指标而走了保障房债券项目的豁免通道，不过募集资金要专款专用，要用于保障房，不能当“祁同伟”，偷偷放走了“丁义珍”。

○ **问：** 公司债募集资金是否可以全额作为成立全资子公司的资本金？

● **答：** 一是募集资金用于成立全资的子公司，虽未有禁止性规定，但要注意不能用于法规和政策不允许的子公司成立，例如成立专门放贷的子公司，就涉嫌将资金转借他人；二是募集资金的合理性和必要性方面，要有充分的论述，例如主营相关、上下游拓展、未来发展空间很大等；三是注意投资风险与偿债能力，与买下一个现有公司的全部股权相比，新成立子公司有优势（低成本进入），但也有劣势（刚成立，运营不确定性太大，成才的可能性不知如何），要有相关论述。

○ **问：** 暂时闲置的公司债券募集资金，可以做哪些短期投资？

• **答：**从募集资金的安全性角度来看，暂时闲置的债券募集资金可短期用于购买国债、地方政府债、政策性金融债，也可以进入交易所债券质押式回购市场（逆回购）。其他风险比较高的投资渠道，就要慎重了，本人并不建议。否则就像唐僧到了女儿国，虽然最后没出事，但在平静的水面下，却有了涌动的激流，已是非常危险。唐僧差点违背从东土大唐出发时的诺言，以及收徒时宣告的任务清单（募集说明书）。

○ **问：**在私募债募集说明书中，资金用途约定为偿还银行贷款，如果用来偿还对母公司的借款，是否可以？

• **答：**只要是发行人自己真实的借款，经过一定程序是允许的，毕竟存在"父为子隐，子为父隐"的伦理传统，父子间的证言在效力上较弱。你可通过相关证据证明当时对母公司借款的真实性（具有事实基础），即发行人"口渴"时，母公司确实给了一口水喝，而非构造出来的借款。该私募债发行人可通过召开持有人会议，来改变募集说明书的约定。

○ **问：**发行人少量挪用募集资金，会有什么后果？受托管理人要注意些什么？

• **答：**要严格执行募集说明书的约定，少量挪用也不行，"千里之堤，毁于蚁穴"。例如，我家里装了直饮水，300多元/吨。有次打开水龙头后，我本想只是走开一会儿（挪用"装水"的时间，去干别的），结果却坐下来写作，忘了那边水在"哗啦啦"地流，结果月底的水费账单一定会比较可观。此后，我若是出差，特别是长期出差，离家前一定会神经质地去看一下厨房，查看直饮水的水龙头（受托管理人也要注意经常查看发行人相关情况），因为我们每多犯一次错，某种程度上就决定了家庭地位会下降，若触发家中“执政党”的“负面清单”（私募债亦有），便会影响后续融资——要零花钱，或者零花钱“提额度”。在一个非公开发行的“15XXE1”案例中，受托管理人在核查中发现，发行人将募集资金中的2.33亿元先转入公司基本户，再转入实际控制人账户，接着拆借给非关联方使用，并收取一定金额的利息。违反的条文是《公司债券发行与交易管理办法》第十五条：“公开发行公司债券，募集资金应当用于核准用途……除金融类企业外，募集资金不得转借他人。”证券交易所采取的监管措施是，对发行人及其董事长、总经理和财务负责人予以通报批评的处分。

○ **问：**募集说明书指明资金用途为还贷，如果用来偿还对母公司的借款可以吗？之前还贷的明细主要是银行，后来想用一部分资金偿还对母公司的借款，明细之间有差异。

● **答：**通过募集说明书约定的程序变更是可以，但必须是发行人真实的借款，而不是虚构出来的债务。老师一般不相信学生暑假作业被偷或掉沟里的说法，尽管现实中确实有被偷和掉沟里的情况发生。

○ **问：**发行人是上市公司，旗下的子公司有房地产业务，但不是主营业务板块（非房企），想问发行小公募募集的小部分资金是否可以用来偿还之前房地产业务所涉及的银行借款？

● **答：**暂未发现禁止性规定。房地产企业发债有分类监管安排，主要是针对房企发行人在申报发行公司债券的适格性方面进行规定，即准入环节。

实际上，符合发债条件的一般企业，可将募集资金借给并表的子公司（如题干所述，子公司房地产业务不是主营业务板块，即非房企），该子公司募集资金的用途只要符合募集说明书的约定即可。这就像一个高中生借钱去偿还因早恋而产生的“恋爱经费债务”，虽然早恋在班主任眼里是受限的（房地产企业发债暂时有所限制，分类管理），但此种借钱偿债行为尚没有禁止性规定。以上属于个人意见，具体以监管部门的意见为准。

○ **问：** 公司债券募集资金用于发行人的研发大楼（自用）土地出让金的支付，可以吗？

● **答：** 尚未看到禁止性规定，应该可以。在我国的传统里，自古以来，买地、盖农舍都是向乡邻们借钱的正当理由，大家基本会以比较支持的态度借钱给你。

○ **问：** 发行结束后，募集资金短暂不存在专户里，是否允许？

● **答：** 这是不允许的。某天晚上，你的手机不小心被孩子“短暂”拿走。孩子拿着手机，在你单位的本部门微信群里，喊了一晚上的语音，而很多同事的正式工作群没有打开“消息免打扰”模式。第二天，你都不知自己的工作是否还保得住。所以，手机要把控在自己手里，募集资金要存放在专户里。另外，当家里银行账户和信用卡不受自己控制时，很多人在看家庭存款或信用卡账单前，一般会先吃一粒“速效救心丸”，尤其是在“双十一”这样的日子。

有个实际发生的案例。在非公开发行的“15XX01”及“15XX02”债券发行完毕后，发行人未与银行签订三方资金监管协议，而且存放公司债券募集资金的银行账户同时用于存放非募集资金和支付公司日常经营款项，造成募集资金与经营资金混同。违反的条文是《公司债券发行与交易管理办法》第十五条：“……发行人应当指定专项账户，用于公司债券募集资金的接收、存储、划转与本息偿付。”证券交易所监管的措施是，对发行人给予通报批评的处分。

○ **问：**相比于专项用途，公司债券募集的资金用于补流，为什么比较受发行人欢迎？

● **答：**有一天我坐飞机，在飞机起飞后，我看了一下手机，是下午3点。空少开始发放餐盒，我问这是午餐还是晚餐？他说：若您午饭没吃，这是午饭；若午饭已吃，这是晚饭；若晚饭不吃，这是下午茶。这位空少太厉害了，谢谢您给了我一个“债券补流般”的餐盒，好灵活啊！公司债券在资金使用的灵活度方面确实有一定的突破。有的发行人表示，兜里有现金去谈判时，说话都可以提高分贝，因为谈判筹码更充足。

○ **问：**国有建筑施工企业发债，募集资金用于垫资施工节能环保项目，建筑企业（发行人）为这个项目的施工方。发债的资金能否用于这些项目的施工垫资？

● **答：**可能有些争议。将企业的一般自有资金用作施工垫资，属于建筑施工企业的一种常见行为，但若将公司债券的募集资金用作垫资，若募集说明书对垫资行为没有较好的约定，便有可能被认定为“将资金转借他人”。施工垫资是一种拆借行为，究竟是一种发行人替他人补流的行为还是发行人自身业务的补流行为，需要认定。建议在获得监管部门认同的前提下，在募集说明书中进行明确约定，并说明相关控制机制，以及垫资业务对发行人偿债能力的影响。以上属于个人意见，具体要以监管部门的意见为准。

○ **问：**募集资金可否用于直接购买非上市公司股权？

● **答：**募集资金若是用于与主营业务相关的非上市公司股权收购、上下游产业链整合收购、下属并表子公司股权收购、下属并表子公司增资等事项，除非有禁止性规定或政策否定性事项，基本上应该可以直接购买非上市公司股权，不过需要在募集说明书中披露。要关注一些政策倾向于不鼓励的事项，例如收购产能过剩公司股权等；也要关注禁止性事项，例如实质上将募集资金转借他人；另外，尽量不要涉及二级市场，不要用来炒股。

○ **问：**在非公开发行公司债券负面清单中，主承销商需要核查前次债券募集资金用途，是否包括子公司发行的公司债券？

● **答：**实践中，各券商一般都会核查合并范围内所有已发行的债券，毕竟发行人并表范围内的发债次数并不会太多。越规范，走得越远！

○ **问：**公司债券募集资金约定补流，大概有什么要求？能否拿去收购非关联公司的股权？

● **答：**募集资金约定补流，一般要用于主营业务，就像血液（资金）还是要在体内（并表范围内）循环一样；募集资金转借他人（非并表公司），则像是献血，血液（资金）已到体外了，就不是自己身体的补“流”了，而是替他人的身体补“流”了。若要收购非关联公司的股权，建议申报时直接在募集说明书中披露收购对象，这种做法一般是允许的。

○ **问：** 公司债券的募集资金本来约定是补流，可否用于偿还银行贷款？

● **答：** 正常情况下是可以的。募集资金如血液，“补流”如“补血”，有银行贷款快到期，说明发行人略微有点“贫血”，可用募集资金来“补血”。但要关注是否需要召开债券持有人会议的程序事项，具体可咨询项目的监管人员。

○ **问：** 上市公司发行公司债券，能用募集资金回购自己的股份吗？

● **答：** 建议尽量不要涉及二级市场。回购股份或减少注册资本，本身属于公司的减肥行为，用增加债务来消灭股权，举债购买“减肥药”，实际上对债券投资者的利益也有影响。

另外，若是属于减少注册资本，根据《中华人民共和国公司法》规定，公司应当自做出减少注册资本决议之日起10日内通知债权人，并于30日内在报纸上公告，债权人还有权要求公司清偿债务或者提供相应的担保。

○ **问：** 最近因挪用募集资金而被纪律处分的发行人，有些是类平台公司，其实这些公司大多是在迫不得已的情况下才挪用的。你对此有什么看法？

● **答：** 明显有风险的事，尽量要避开或不做，不要挪用。毕竟，君子不立于危墙之下。有个朋友A，路过银行门口时，碰到运钞车正在装钱。有位持枪押运的安保人员刚好是他的哥们B。A千不该万不该去拍了B的肩膀，只为打声招呼，却被旁边的另一位押运人员C用枪托砸倒在地（真人真事），好可怜。风险之事，最好不做。

○ **问：**公司债发行后已经按照约定偿还了贷款，尾款有1 000万元募集资金约定为补流，但一直在账上，可否拿去支付本期债券利息？

● **答：**尚未看到禁止性的规定，应该可以。想起我老家盖楼时，我爸打电话说钱不够了，请求流动性支持，用于家庭生活开支（相当于家庭补流）。我就汇款回家，主要支付建楼款、材料款，后来我爸的烟酒钱也部分从中列支。他的解释是，建房工人也要抽烟、喝酒，他在场监督也要抽烟，属于家庭零花钱（补流）的必要组成部分，我至今也不知道怎么反驳他。后来，钱没有全部花完（发债募集资金的尾款），他就把余额还给了我（权当部分利息）。

○ **问：**上市公司非公开发行公司债券，募集资金用于收购大股东其他非上市子公司的股权，被收购方的主营业务和上市公司不同，是否允许这样使用募集资金？

● **答：**用于收购这类发行人非并表公司的股权（体外），需要在募集说明书中明确披露相关项目情况，同时多关注一些不鼓励收购的目标公司股权的情况，例如产能过剩公司等。另外，也要遵守上市公司相关监管规定。记得2015年公司债新政出台之前，证券交易所还曾专门推出过一个债券品种叫“并购重组私募债”。

○ **问：**发行人跟当地政府签了金融扶贫的战略合作协议，准备募集一部分资金专项用于贫困地区的小额贷款，可否？

● **答：** 用于发放小额贷款恐怕不行，募集资金不能转借他人使用。之前有一些项目，发行人旗下有小额贷款子公司，要求承诺募集资金不能给小额贷款公司用于发放贷款（让人兴奋的盈利点）。我有一位女同学，晚上与客户在咖啡厅聊完事情后，回家还要哺乳（给“子公司”）。她说她一般睡得很好，结果她小孩一晚上兴奋得睡不着（咖啡因进入乳汁了），多尴尬啊！咖啡因（募集资金）最好自己使用，不要转借他人。

○ **问：** 发行可交换公司债券的募集资金投向，可否用于偿还股票质押融资欠款？

● **答：** 可以偿还股票质押借款，但是要披露该笔质押借款的最终用途，例如，在一般情况下，若是最终用于二级市场恐怕就有些问题。也请关注有关监管机构的监管动态。

○ **问：** 私募债发行人募集资金的用途是偿还有息借款，并且发行人在募集资金运用说明中注明了偿还借款的明细。在首期债券发行后，根据发行人安排，将募集资金偿还其他借款（银行贷款），需要哪些手续？

● **答：** 最省事的是发行前对明细进行适当调整，已发行后调整明细的，可能需要根据募集说明书召开持有人会议。

○ **问：** 公司债券发行人预计项目要6个月后才开工，闲置的募集资金是否可以存银行6个月的定期？

● **答：** 对于这种方式，若募集资金不出专户，应该是可以的，即在募集资金专户中做定期（注意是定期），不能买理财或转成结构性存款。另外，因公司债券可以分期发行，建议在债券发行时做好相关计划，减少财务成本。

○ **问：**上市公司控股股东发行可交换公司债券（不丧失控制权），可否将募集资金借给上市公司？该股东收益主要来自该上市公司分红。

● **答：**公司债券募集资金借给并表的子公司，应该是没有问题的，除非违反一些禁止性要求，但建议关注资金的实际去向。父母去找人借钱，说实际是给儿子用，以后由父母来还钱，但最好说明钱的具体用处——赌博、放贷什么的就别去找人借钱了。

○ **问：**发行人之前发过公司债券，今年面临行权回售，新发公司债券能否用于偿还回售债务？

● **答：**暂未发现有限制，但在无回售或回售少的情况下，发行人要关注募集资金的实际去向，可设置相应的用途变更机制。当然，也可以在付息日前进行回售登记后，根据投资者实际回售数量，再启动债券发行。在外面吃饭，现在一般是“能吃多少点多少，不要浪费”。

○ **问：**对偿债能力影响不大的某个需要披露的事项，发行人能不能忽略它而不披露？例如，发行人挪用了募集资金，但及时还回来了，需不需要披露？

● **答：**对于挪用募集资金的情况，即使发行人想要捂住，但根据银行、受托管理人与发行人的三方协议，后续相关报告也会对此进行披露，例如，受托管理人需要披露的临时受托管理事务报告和年度受托管理事务报告等。若不想让人知道，最保险的办法是不挪用募集资金。

○ **问：**可交换公司债券，质押担保专户中的股票所获股息或分红款能否用来买保本理财？

● **答：**《中华人民共和国担保法》第六十八条规定：“质权人有权收取质物所生的孳息。质押合同另有约定的，按照约定。前款孳息应当先充抵收取孳息的费用。”《中华人民共和国物权法（2007年）》第二百一十三条规定：“质权人有权收取质押财产的孳息，但合同另有约定的除外。前款规定的孳息应当先充抵收取孳息的费用。”在公募可交换公司债券方面，《上市公司股东发行可交换公司债券试行规定》（2008）第七条规定：“预备用于交换的股票及其孳息（包括资本公积转增股本、送股、分红、派息等），是本次发行可交换公司债券的担保物，用于对债券持有人交换股份和本期债券本息偿付提供担保……债券持有人部分或者全部未选择换股且上市公司股东到期未能清偿债务时，作为担保物的股票及其孳息处分所得的价款优先用于清偿对债券持有人的负债。”可见，股息或分红款属于可交换公司债券质押股票的孳息，除非募集说明书有特别约定；孳息也属于质押权人（债券持有人）的质押物，若对孳息进行再投资，属于对孳息进行管理，要看募集说明书是否有相关约定，但管理的主动权属于债券持有人，而不是发行人。从技术角度来看，如果质押物足额的话，可以只申请解除现金这部分的质押，即部分解除质押，但前提是符合约定和规定。建议谨慎操作。

○ **问：**发行人募集资金专户和偿债专户是同一个，2019年将首次付息，那么在转入偿债资金之前，这个专户是否要清零呢？

● **答：**没有必要。账户中，剩余的募集资金及新转入的偿债资金，均是特定化于该期债券的资金，不存在与其他资金混同的问题，便于监管，且不会增加识别或分辨成本。极端的情况是，发完债就要全额回售的债券（因触发相关条款或规定），募集资金和偿债资金是完全等同和一致的，也都在一个账户上。这个问题，通俗来讲，就像你用“吃米饭的碗”去盛汤，不用专门洗干净后再盛汤，除非这碗要给别人用。

○ **问：**募集资金用于偿还有息负债的，在转款过程中产生的划转手续费（200元）可以从募集资金中直接扣除吗？由于银行系统设置是转账时直接从账户余额中扣除的，所以不知道是否算作违反了募集资金用途？

● **答：**被蚊子咬一小口，不会造成贫血，建议忽略这200元，别太往心里去。另外，很多承销费还要从募集资金里扣除呢。

○ **问：**年审机构是否需要对已在证券交易所挂牌的私募债募集资金使用情况单独出具专项报告？

● **答：**2018年12月，交易所发布了非公开发行公司债券挂牌转让规则，其中删除了私募债定期报告中募集资金专项审计的要求。但目前的规定是，证券交易所在必要的情况下可以要求发行人就募集资金出具专项审计报告。

○ **问：**能否谈谈债券和冯小刚电影《芳华》的相似点？

• **答：** 刘峰是文工团里的活雷锋，他以为持有一堆零利率或低利率的可转换公司债券（异性的好感、林丁丁可能的爱等），期望未来能“债转股”。当晚他表白并抱住林丁丁，是想确立恋爱关系并娶林丁丁回家的，即启动“债转股”，从短线转为长线，结果不小心让人看到并举报。大家觉得活雷锋就应该不食人间烟火，以至刘峰被定性为不安分的投资人（那个年代），并被暂停转股和剥夺交易权（退到场外并被下放）。何小萍偷偷拿他人军装去拍照，虽情有可原，但就像公司债券募集资金被挪用一样，哪怕有天大的理由，也不能随意挪用。《芳华》告诉我们人生是有期限的，最美好的年华更是稀缺。从长期来看，有一件确定的事，即“人总是要死的”。债券如人生，会到期，那就在有限的时间里充分、最有效率和最有意义地使用债券募集资金吧。

7

公司债券存续期事项

第一节　基本知识

公司债券的存续期往往会有挺多事，就像一个人的成长过程一样：有一些必然要经历的仪式和事情，也有一些不确定的事情。公司债券存续期事项主要包括受托管理事务、存续期的监管工作、风险防控、债券回售、债券持有人会议、公司债券还本付息、债券违约与欺诈问题、质押式回购等。

受托管理事务

在人与人的信任问题上，往往是“受人之托，忠人之事”，答应了他人的事情，就要尽心尽力去做。在这里，受托管理人就是债券投资者的利益维护者。在发行公司债券时，发行人应当为债券持有人聘请债券受托管理人，并订立债券受托管理协议，明确双方后续的权利义务关系；在债券存续期限内，受托管理人按照规定或协议的约定维护债券持有人的利益。发行人应当在公司债券募集说明书中约定，投资者认购或持有本期公司债券视作同意债券受托管理协议、债券持有人会议规则及债券募集说明书中其他有关发行人和债券持有人权利义务的相关约定。这里将披露募集说明书当成《中华人民共和国合同法》中的要约行为（而不是要约邀请），投资人的投资行为则是“承诺”。债券受托管理人应当勤勉尽责，积极作为，公正履行受托管理职责，不得损害债券持有人利益。受托管理人应当为债券持有人的最大利益行事，不得与债券持有人产生利益冲突。

在实践中，受托管理人往往是本期债券的承销商，原因是受托管理人额外收取的受托管理费用并不太多，而存续期的责任还不小，特别是在债券违约时，受托管理人相关工作人员就更易“崩溃”，受托管理职责就顺理成章地成了承销商的“附随义务”。如何改变这种情况，就是一个较大的课题。当然，投资者也可以通过债券持有人会议等方式来更换受托管理人，并非绝对由承销商来担任。

根据《深圳证券交易所公司债券上市规则（2018年修订）》第4.2.2条的规定，公司债券的受托管理人在债券存续期间应当履行下列受托管理职责，维护债券持有人的利益。

- 持续关注和调查了解发行人的经营状况、财务状况、资信状况、增信措施的有效性及偿债保障措施的执行情况，以及可能影响债券持有人重大权益的事项，督促发行人履行还本付息义务。
- 发行人为债券设定增信措施的，受托管理人应当在债券发行前或者募集说明书约定的时间内取得担保权利证明或者其他有关文件，并在增信措施有效期内妥善保管。
- 监督发行人债券募集资金的使用情况。

- 持续督导发行人履行有关承诺及信息披露义务。
- 出现可能影响债券持有人重大权益或者其他约定情形时，根据规定和约定召集债券持有人会议。
- 勤勉处理债券持有人与发行人之间的谈判或者诉讼等事务。
- 发行人预计或者已经不能偿还债务时，根据相关规定、约定或者债券持有人的授权，勤勉处理债券违约风险化解处置相关事务，包括但不限于与发行人、增信主体及其他责任主体进行谈判，要求发行人追加担保，接受债券持有人的委托依法申请财产保全措施，提起民事诉讼，申请仲裁，参与重组或者破产的法律程序，等等。
- 定期和不定期地向市场公布受托管理事务报告。
- 妥善安排除债券正常到期兑付外被终止上市后，债券登记、托管及转让等事项。
- 法律、行政法规、部门规章、规范性文件、本规则、证券交易所其他相关规定、募集说明书以及受托管理协议等规定或者约定应当履行的其他职责。

受托管理人应当于每一会计年度结束之日起的6个月内出具上一年度的受托管理事务年度报告，向证券交易所报告并公告。公告内容应当至少包括受托管理人履行职责情况、发行人经营与财务状况、募集资金使用的核查情况、发行人偿债能力分析、发行人偿债保障措施的执行情况与有效性分析、债券本息偿付情况、债券持有人会议召开情况等。

受托管理人应当建立对发行人的跟踪机制，了解发行人发布各种信息的渠道，监督发行人对债券募集说明书所约定义务的执行情况，持续动态监测、排查、预警并及时报告债券信用风险，采取或者督促发行人等有关机构或人员采取有效措施防范、化解信用风险和处置违约事件，保护投资者合法权益。证券交易所可以要求受托管理人开展专项或者全面风险排查，受托管理人应当按照相关要求完成排查并将排查结果在规定时间内向证券交易所报告。受托管理人为履行受托管理职责，有权代表债券持有人查询债券持有人名册及相关登记信息、专项账户中募集资金的存储与划转情况。

在发行人出现重大事项或未按照募集说明书的约定履行义务时，或受托管理人与发行人发生债权债务等利害关系时，受托管理人应当督促发行人及时披露相关信息及受托管理事务临时报告，说明事项情况、产生的影响以及受托管理人已采取或者拟采取的应对措施等。发行人及其董事、监事、高管人员或者履行同等职责的人员、控股股东、实际控制人、承销机构、增信主体及其他专业机构应当配合受托管理人履行受托管理人职责，积极提供受托管理人所需的资料、信息和相关情况，维护投资者合法权益。

受托管理人应当向证券交易所报备其受托管理业务负责人、联络人及其变更情况，要求受托管理人专人专岗。实际上，证券公司工作人员也具有一定的流动性，受托管理业务的相关人员也难免离职，所以受托管理人要及时向证券交易所报备相关情况。

此外，在受托管理人参与诉讼一事上，各地有不同的做法。有的法院认同受托管理人代表所有的债券持有人以代理人的身份参与诉讼，有的法院要求受托管理人一个个地去找债券持有人签授权委托书后才能以适格的主体参与民事诉讼。未来，受托管理人参与诉讼活动可能会有更明确和统一的规则。

存续期的监管工作

公司债券的存续期监管是由证监会、各地证监局和证券交易所等相关主体共同完成的，受托管理人在这一过程中也担当了重要的角色。根据新闻报道，2018年，中国证监会查办债券市场违法违规案件6起，涉及欺诈发行、虚假陈述、操纵市场等行为，这些行为无疑会受到法律的惩罚。

- 债券发行人粉饰业绩或业绩造假，制作虚假申报材料，骗取证监会和证券交易所的批文。
- 债券发行人未按规定披露定期报告，隐瞒公司的重大担保事项或者擅自改变募集资金的用途。
- 出于非法目的，人为制造虚假交易，干扰债券市场的正常交易秩序。

证券交易所可以根据自律管理工作需要实施日常监管，具体措施包括以下方面：

- 向监管对象做出口头提醒或者督促。
- 向监管对象发出问询、通知、督促等书面函件。

- 与监管对象及有关人员进行谈话。
- 要求发行人、受托管理人及相关专业机构开展自查等。
- 对监管对象进行现场或者非现场检查。
- 证券交易所认定的其他日常监管行为。

证券交易所实施现场检查，可以在监管对象及其控股子公司以及分支机构等相关主体的生产、经营或管理等场所，通过查阅、复制、提取文件和资料、采集数据信息、查看实物、询问相关人员等方式进行。实际上，沪深证券交易所均成立了“合规检查部”。证券交易所官网对其职能的描述为“负责对市场参与主体的现场检查，主要以问题和风险为导向，以一线监管中的突发、重大、恶性风险为重点开展专项检查”。证券交易所可根据监管需要，对上市公司、债券发行人、基金公司及其控股股东、实际控制人等市场参与主体开展现场检查。在有些债券项目申报后，审核人员怀疑存在问题，于是安排合规检查部进行专项检查，确实也发现了一些虚假陈述的案例。监管对象应当配合现场检查工作，保证提供的有关文件和资料真实、准确、完整、及时，不得拒绝、阻碍和隐瞒。

证券交易所可以视情节轻重，采取以下监管措施：

- 口头警示。
- 书面警示。
- 约见谈话。
- 要求中介机构或者要求监管对象聘请中介机构核查并发表核查

结果。

- 要求限期改正。
- 要求公开致歉。
- 要求限期召开债券持有人说明会。
- 要求限期参加培训或者考试。
- 建议更换相关任职人员。
- 暂停受理或者办理相关业务。
- 向相关主管部门提出监管建议函。
- 上报中国证监会。
- 证券交易所规定的其他监管措施。

证券交易所可以视情节轻重，采取以下纪律处分措施：

- 通报批评。
- 公开谴责。
- 暂不受理专业机构或者其相关人员出具的文件。
- 收取惩罚性违约金。
- 证券交易所规定的其他纪律处分措施。

证券交易所纪律处分委员会对纪律处分事项进行审核，做出独立的专业判断并形成审核意见。证券交易所在做出纪律处分决定前，应当向当事人送达纪律处分事先告知书，告知当事人可以在规定时间内提交书面陈述和申辩。根据证券交易所业务规则，属于听证范围的，纪律处分事先告知书还应当告知当事人可以申请听证。当事人对证券交易所做出的纪律处分决定不服的，可以在收到有关决定或者公告送达有关决定之日（以在先者为准）起15个交易日内向证券交易所申请复核。复核期间，纪律处分决定一般不停止执行，证券交易所另有规定的除外。

风险防控

近年来，公司债券相关风险已陆续显现，包括暂停上市、终止上市、付息违约等风险。根据规定，发行人、增信主体、受托管理人及其他专业机构应当按照规则及证券交易所的其他相关规定开展债券信用风险管理工作，及时向证券交易所报告债券信用风险管理中的重大事项，并按规定履行相关信息披露义务。

发行人在债券信用风险管理中应当履行以下职责：

- 制定债券还本付息（含回售、分期偿还、赎回及其他权利行权等，下同）管理制度，安排专人负责债券还本付息事项。
- 提前落实偿债资金，按期还本付息，不得逃避债务。
- 按照规定和约定履行信息披露义务，及时披露影响偿债能力和还本付息的风险事项。
- 采取有效措施，防范并化解可能影响偿债能力及还本付息的风险事项，及时处置预计或已经违约的债券风险事件。
- 配合受托管理人及其他相关机构开展风险管理工作。
- 法律、行政法规、部门规章、证券交易所业务规则等规定或者协议约定的其他职责。

受托管理人应当在履职过程中重点加强债券信用风险管理，履行以下风险管理职责：

- 建立债券信用风险管理制度，设立专门机构或岗位从事信用风险管理的相关工作。
- 对受托管理的债券持续开展动态监测和排查，进行风险分类管理。
- 一旦发现影响还本付息的风险事项，就及时督促发行人或其他相关机构披露相关信息，进行风险预警。
- 按照规定或约定披露受托管理事务报告，必要时召集债券持有人会议，及时披露影响债券还本付息的风险事项。
- 协调和督促发行人与增信机构等采取有效措施化解信用风险或处置违约事件。
- 根据相关规定、约定或投资者委托，代表投资者维护其合法权益。
- 法律、行政法规、部门规章、证券交易所业务规则等规定或者协议约定的其他职责。

发行人发行多只债券并聘请不同受托管理人的，各受托管理人应当按照规定和约定切实履行责任，相互加强配合，做好各自受托管理债券的风险管理工作。发行人应当公平配合各受托管理人的债券风险管理工作。在受托管理人出现不再适合继续任职的情形时，在依法变更受托管理人之前，中国证监会临时指定相关机构来履行债券风险管理职责。

增信机构在债券信用风险管理中应当履行以下职责：

- 持续了解所增信债券及其发行人信用风险情况。
- 对预计或已经违约的债券及时落实资金，按照规定和约定承担增信责任，不得拖延或拒绝。
- 配合发行人、受托管理人及其他相关机构履行信息披露义务，开展风险管理工作。
- 出现影响增信措施有效性的重大事项时，及时告知发行人和受托管理人。
- 法律、行政法规、部门规章、证券交易所业务规则等规定或者协议约定的其他职责。

资信评级机构在债券信用风险管理中应当履行以下职责：

- 按照规定或约定开展定期跟踪评级并及时公布定期跟踪评级结果。
- 持续了解所评级债券及其发行人的信用状况，及时开展不定期跟踪评级并公布不定期跟踪评级结果。
- 配合发行人、受托管理人及相关机构履行信息披露义务，开展风险管理工作。
- 法律、行政法规、部门规章、证券交易所业务规则等规定或者协议约定的其他职责。

债券回售

投资者投资债券并不一定都会持有到期，除了转让之外，还可以回售，俗称“行权”，例如期限为“2+1年”的债券，第二年末便可以进行一次行权。债券募集说明书若约定了投资者有回售的选择权，那意味着债券在存续期里会全部或部分提前到期，投资者若全部回售，则全部债券提前结束生命周期。发行人应当在回售申报起始日前，披露回售程序、回售方式、回售申报期、回售价格、回售资金到账日等内容，并在回售申报结束日前进行多次披露，以尽到充分告知的义务。回售完成后，发行人应当及时披露债券回售情况及其影响，让投资者及时了解债券接下来的存量等信息。

在实践中，行权往往符合投资者当时的投资逻辑，因为他们对债券往往采用行权估值，而不采用到期估值。证券交易所正在就回售转售业务进行进一步研究，对于当前债券持有人申报回售的债券，探索发行人转售给其他潜在投资人的可行性。

债券持有人会议

债券持有人会议属于对债券投资者保护的机制之一。债券在存续期若有争议分歧、要改变产品设计、需明确重要事项或处置债券风险等情况时，都需要化解机制，即压力需要有出口，那就是开会。发行人需要在债券募集说明书中约定债券持有人会议的相关规则，规则设定的目的应当有利于保护债券持有人（投资者）的利益，明确债券持有人会议行使权利的边界（而不是任何事情都需要拿到会议上来讨论），以及债券持有人会议的召集、通知、决策机制和其他重要事项。

债券存续期间出现下列情形之一的，受托管理人应当及时召集债券持有人会议：

- 拟变更债券募集说明书的约定。
- 拟修改债券持有人会议规则。
- 拟变更债券受托管理人或者受托管理协议的主要内容。
- 发行人已经或者预计不能按期支付本息。
- 发行人发生减资、合并、分立、解散、被托管、申请破产或者依法进入破产程序等重大变化。
- 增信主体、增信措施或者其他偿债保障措施发生重大变化且对债券持有人利益有重大不利影响。
- 发行人、单独或者合计持有本期债券总额10%以上的债券持有人向受托管理人书面提议召开。
- 发行人管理层不能正常履行职责，导致发行人债务清偿能力面临严重不确定性。
- 发行人因进行重大债务或者资产重组可能导致重大变化的。
- 债券募集说明书约定的其他应当召开债券持有人会议的情形。
- 发生其他对债券持有人权益有重大影响的事项。

其中，就上述第四项、第五项、第六项、第八项及第九项情形，债券持有人会议应当就是否采取应对措施及其具体内容做出决议，即要有应对办法和解决措施。

发行人、单独或者合计持有本期债券总额10%以上的债券持有人向受托管理人书面提议召开持有人会议的，受托管理人应当自收到书面提议之日起5个交易日内向提议人书面回复是否召集持有人会议，并说明会议相关安排或者不召集会议的理由。同意召集会议的，受托管理人应当于书面回复日起15个交易日内召集持有人会议，但提议人同意延期召开的除外。受托管理人不同意召集或应当召集而未召集债券持有人会议时，发行人、单独或者合计持有本期债券总额10%以上的债券持有人有权自行召集债券持有人会议，受托管理人应当为召开债券持有人会议提供必要协助。

债券持有人会议通过的决议，对所有债券持有人均有同等约束力。受托管理人依据债券持有人会议决议行事的结果由全体债券持有人承担。债券持有人包括所有出席会议、未出席会议、反对议案或者放弃投票权、无表决权的债券持有人，以及在相关决议通过后受让债券的持有人。

召集人应当在债券持有人会议表决截止日后的第一个交易日披露会议决议公告，会议决议公告包括但不限于以下内容：

- 出席会议的债券持有人所持有的表决权情况。
- 会议有效性。
- 各项议案的议题和表决结果。

会议决议内容需要发行人等相关方进一步配合实施的，受托管理人应当按照决议要求及时告知发行人等相关方。发行人等相关方应当及时回复并披露回复情况。

公司债券还本付息

人们常说“不以结婚为目的的谈恋爱，就是要流氓”，同理，“不以还本付息为目的的债券发行行为，也是要流氓”，除非是“债转股”（实际上债转成股那一瞬间，发行人已用股票的形式履行了偿债义务）。

《深圳证券交易所公司债券上市规则（2018年修订）》等文件要求：“发行人的董事、监事、高级管理人员或者履行同等职责的人员应当勤勉尽责，遵守并督促发行人履行债券募集说明书约定的义务，维护债券持有人享有的法定权利和债券募集说明书约定的权利。”这些相关规定进一步明确了发行人的“董监高”应当遵守并督促发行人履行募集说明书约定的义务。发行人无法按时偿付债券本息时，应当对后续偿债措施做出安排，并及时通知债券持有人。在实践中，在制订债券违约风险化解方案时，企业应当通过重组、不良资产处置、与投资者协调回售预期、协商债务展期或撤销回售等多种方式积极化解风险。

债券违约与欺诈问题

2014年3月，超日太阳能（Chaori Solar）未能支付一笔利息而发生违约事件，此后债券违约成为债券市场的常见现象。自2015年公司债券改革以来，公司债券市场发展较为迅速，证券交易所的债券托管量扩容较明显，占比不断提升。由于2018年是前期发行的债券的回售期及到期兑付高峰，3年期或“3+X”的债券部分出现违约。债券违约虽然属于常见现象，但也导致2018年民营企业发行人的债券不好卖，成本高或卖不出去。从产生违约的内因来看，部分企业经营情况未改善，整体债务率维持较高水平，企业盈利和现金流承受着一定的压力，导致企业自身偿债能力遭到削弱。当违约事件产生时，关键的是如何应对，从而在各种条件约束的前提下最大化维护债券持有人的利益。

亚里士多德说：“法律是无情的理性。”在欺诈发行债券方面，已有一些承担刑事责任的案例，凡事均有代价。首例私募债券欺诈发行案已于2018年做出判决，贵州省高级人民法院做出终审裁定，维持贵阳市中级人民法院对厦门圣达威服饰有限公司欺诈发行私募债券案的刑事判决，圣达威法定代表人章某某、原财务总监胡某因犯欺诈发行债券罪，分别被判处有期徒刑3年和2年，对于震慑欺诈发行债券等犯罪行为及维护债券市场规范发展具有积极意义。为了融资成功，章某某与胡某捏造应收账款并编织发行人业绩良好的谎言，将募集的资金大部分还了高利贷。此案的查处开启了中小企业因欺诈发行私募债而被追究刑事责任的先河。证监会新闻发言人指出，近年来，证监会在简化公司债券发行审核程序，积极支持服务实体经济债券融资，助解“融资难、融资贵”问题的同时，坚守监管本位，全面强化事中、事后监管，及时查处各类债券违法违规行为，并积极推动对欺诈发行等债券市场违法犯罪的刑事打击。在圣达威案的刑事侦查过程中，证监会及相关单位积极支持、配合公安机关的侦查及相关认定工作。

另一个欺诈发行的案例是五洋建设。根据相关新闻报道，2018年

7月，证监会正式完成了对五洋建设集团股份有限公司涉嫌欺诈发行公司债券、信息披露违法一案的听证和复核程序，对五洋建设及20名相关责任人做出行政处罚决定及市场禁入决定，相关主体若涉嫌刑事犯罪的，还要承担刑事法律责任。五洋建设在自身最近3年平均可分配利润明显不足以支付所发行公司债券1年的利息，无法满足公募债券发行条件的情况下，故意违反会计准则，通过将所承建工程项目应收账款和应付账款“抵销”的方式，同时虚报企业应收账款和应付款项，也因此少计提坏账准备，于2015年7月取得中国证监会的公募债券的批文，并于2015年8月和2015年9月分两期向合格投资者公开发行公司债券8亿元和5.6亿元，合计13.6亿元。此后，五洋建设又于2015年11月以做过手脚的财务数据制作了私募债的募集说明书并向合格投资者披露，于2015年12月和2016年4月分别在两个证券交易所非公开发行1.3亿元和2.5亿元公司债券。五洋建设通过粉饰报表的财务手段，制作虚假材料的形式欺诈发行公募债券，并且存在在私募债发行过程中向投资者披露虚假信息等违法行为，涉案金额巨大、手段恶劣，并造成了所发行债券无法按时兑付的恶劣后果，等待它的将是法律的严惩。

债券流动性——质押式回购

公司债券质押式回购，是指交易双方以债券为权利质押所进行的短期资金融通业务，让持有债券的投资者获得更多的流动性。在质押式回购交易中，资金融入方（正回购方，缺钱的主体）在将债券出质给资金融出方（逆回购方，手上有钱的主体）融入资金的同时，双方约定在将来某一日期由正回购方（借到钱的主体）向逆回购方返还本金和按约定回购利率计算的利息，逆回购方向正回购方返还原出质债券。所谓“标准券”，是指在债券的回购交易中，由证券交易所和中国证券登记结算有限公司根据债券回购融资方证券账户的债券存量，按照不同的券种等级（主要是债券评级），根据各自的折合比率计算的、用于回购抵押的标准化债券。标准券是一种拟制的回购综合债券。也可以说，标准券是由不同债券品种按相应折算率折算形成的，明确可利用回购交易进行融资的额度。标准券相当于“一般等价物”，资金融出方一般不用关注该标准券背后是哪家发行人发行的债券。标准券获得了比较强的流动性，也能帮助发行人从一级市场融到相对便宜的资金，因为流动性创造价值。从历史数据来看，证券交易所和银行间两个市场的资金面根本上都取决于流动性水平和央行的货币政策，但两个市场的投资者结构有一些差异，例如，前者还包括了大量的个人，可以作为资金的融出方。

2017年4月7日，中国证券登记结算有限公司修订发布了《质押式回购资格准入标准及标准券折扣系数取值业务指引》（以下简称《指引》）。《指引》将公司债券的质押资格门槛上调至债项评级AAA，同时要满足主体评级AA且展望稳定或正面的要求，债项AA+及以下评级新发交易所信用债不能再入质押库（这就是市场所称的“压库”），减少了可质押的公司债券范围。市场对此各有看法。未来，证券交易所需要采取各种措施增加债券的流动性，包括现券交易和回购交易，从而提高对投资者的吸引力。

第二节　有趣问答

受托管理事务

○ **问：**公司债券受托管理人的作用是什么？

● **答：**受托管理人就好像是为了债券投资者的利益而行动的“保姆”，是根据债务受托管理协议而设立的维护债券持有人利益的机构。例如，小孩跟团参加境外旅游时（夏令营），护照一般会被带团老师收起来统一保管（抵质押登记主体及权属文件保管人），带团老师会时不时报平安，有情况发生会及时告诉家长（受托管理事务报告）；小孩在境外利益受损时，带团老师还要代表家长维护相关权益（债券违约诉讼、仲裁等）。带团老师就是受托管理人，家长就是那些花了钱的投资者，小孩就是那一堆债券。

○ **问：**公司债券发行人的子公司是证券公司，该证券公司可以当本期债券的受托管理人吗？

● **答：**这种情况存在明显的利益冲突，此受托管理人既是投资者利益的代言人和“保姆”，又是发行人的“家人”，在信息披露及违约处置等方面可能会存在“人格分裂”。打个比方，违约处置时，“儿子”属“讨债公司”的员工，其父亲欠钱。“讨债公司”要求该“儿子”随时通报其父亲的存款余额并申请冻结，这就存在明显的道德风险。或者说，儿子作为原告的代理律师，他怎么舍得把其父亲告上法庭成为被告呢？挺难的。

○ **问：**有的企业对募集资金的使用不规范。若发行人违反约定使用募集资金，受托管理人怎么做才算尽责？

● **答：**确实，有的发行人在募集资金的使用方面出现了问题，也出现过当地政府或企业挪用或借用发行人募集资金的情况。若缺少约束，募集资金的使用就像是让有些人去演唐僧，《西游记》估计到“女儿国”就“剧终”了。这是东土大唐皇帝与唐僧在出行时的“募集说明书”所不愿看到的。受托管理人可以学学猪八戒，因为猪八戒最常说的一句话是“大师兄，师父被妖怪抓走了”，他总能及时发现情况并向孙悟空披露，以便研究下一步的应对措施。例如，“15XX债”募集（私募）资金20亿元，发行人在募集说明书及相关承诺中说明，募集资金仅用于“棚户区改造”。2016年3月3日，证券交易所向主承销商出具关注函，要求主承销核查募集资金使用的具体情况。根据主承销商的复函，本次债券发行后：（1）到账资金16.43亿元；（2）尚未使用资金5.06亿元，存放于发行人的基本账户；（3）已使用11.37亿元，其中除0.2亿元用于保障房建设外，其余募集资金均出借给其他企业、用于其他项目及归还银行借款。故到账资金的16.43亿元中有11.35亿元被挪作他用。该发行人违反了《公司债券发行与交易管理办法》第十五条：“非公开发行公司债券，募集资金应当用于约定的用途。”证券交易所采取的监管措施是对发行人给予通报批评的处分。这类处分，也很可能影响企业后续的债券融资。

○ **问：**如何评价证券公司将债券项目的部分奖金暂不发放，延后到存续期管理阶段再慢慢发放？

• **答：**存续期的责任也是蛮重的，要适当留足相关费用。有一次，我从国外回来时，给家中“执政党”（媳妇）带了*N*件礼物（手表、包、巧克力等），到家后一次性全给了她（事后相当后悔）。正确做法是：先给一两件礼物，其他的藏起来，最好放在办公室（这样不易被发现，夫妻同一单位的除外），在“情人节”“七夕节”等节日再慢慢送，否则没有任何库存的礼物，到时还得重新买。

○ **问：**在一般情况下，证券公司当公司债券的受托管理人，受托管理业务收费吗？

• **答：**从业界实践情况来看，在很多情形下，受托管理费已经打包到承销费里了，当然也要看相关合同的具体约定，亦可将部分承销费记成受托管理费。不管如何，受托管理费总会被纳入发行人的成本之中。所以，羊毛仍然出在羊身上。在债券存续期，受托管理人仍然需要坚持对发行人“问七问八”，并及时向投资者报告，这都需要成本（差旅费、金融民工保养费、违约时精神焦虑补偿费等）。承揽时说的“爱你一万年”，不仅指的是精神上的心理活动，还包括未来日子里的物质支出。

○ **问：**如果债券发行人公司名称变更，可否在临时公告中披露公司债券名称变更，但债券简称和代码不变?

• **答：**一是发行人名称变更要有公告，受托管理人可发布临时受托管理事务报告，说明变更的具体情形、原因、影响等，顺便也要关注发行人变更名称的动机，包括正面或负面的动机。若改名用于逃避丑事或债务，受托管理人就要注意了。实践中，若是因风水先生或算命先生说发行人要改名，那这种动机就不适合在公告中进行表述，建议模糊处理。二是存量债券的简称和证券代码均不变，但若是接下来发行新的债券，简称可以和发行人的新名称近似一些。

○ **问：**类平台企业发行公司债券，发行之后，受托管理事务有什么难点?

• **答：**类平台企业发行公司债券，本身需要符合来自政府的收入不超50%的指标（省级保障房项目可豁免）。成功发行公司债券后，极个别企业可能面临一个问题，即募集资金失控或募集资金使用违反约定，而且往往可能与当地某些人有关——他们就像父母拿走小孩的压岁钱一样顺理成章。发行人有时也无奈，就像鸟儿看见猎人掏走自家鸟窝一样无奈。所以，申报发行公司债券时，发行人应尽量把义务条款写细、写全，引入更多的监督和制衡力量，让受托管理人省点心。

○ **问：**受托管理过程中，发行人或券商偶然会忘记相关事项，例如提交相关公告等，如何避免犯这种错误?

• **答：**券商大多有受托管理系统或事后监督系统，会推送节点日期等事项，管理方便，一般不会忘。生活中，你怎么能记住一个月前给你理发的理发师工号呢？好难好难，这一直困扰着我。后来，我直接把理发师的工号写在会员卡上，然后把会员卡寄存在理发店里，这就保证下次去理发店时能直接叫理发师的工号了。利用技术进行管理是个好办法。

○ **问：** 为了管理好募集资金，受托管理人及监管银行要有什么精神？

● **答：** 要珍视募集资金中的每一分钱。就像顺丰控股王卫带着一线快递员上市敲钟一样，每名员工都是财富。另外，有一次女儿问我能不能用无名指去按电梯。我问她："为什么用无名指？多费劲啊。"她说："每个手指，都是有用的！"（很有哲理的话）

公司债券存续期监管

○ **问：** 相比以前，债券从发行到上市或转让的时间间隔变短了吗？

● **答：** 目前，证券交易所的"一站式"服务已全面推行，加快了债券上市交易或挂牌转让的速度。此前，债券发行之后，往往需要间隔一定的时间才能上市交易或转让，投资者兜里持有的债券的短期流动性受到了一定的影响，上市交易或挂牌转让前不能及时流通，也不能进行质押式回购等。对此，投资者是有一些意见的，希望缩短获得流动性的时间间隔，毕竟拥有流动性也是一种价值。后来，在证监会的推动下，证券交易所与结算公司合作，推行债券发行上市"一站式"服务，将登记业务前置，简化发行登记手续，明确了操作要点，统一对外窗口，大幅提升发行上市业务效率。证券交易所也同时督促证券公司和发行人及早提交上市交易或挂牌转让的材料。在"统一对外窗口"方面，原来申请材料除了要向证券交易所提交之外，发行人和证券公司还需要向中国证券登记结算有限公司提交，现在改为只需要向证券交易所一次性提交即可。例如，作为首单试点“一站式”服务债券，深市发行的“17深投01”2017年7月12日发行完毕，2017年7月17日上市。承销商根据“一站式”指南提前准备登记上市申请材料，实现发行后T+3上市目标（3个工作日），这种速度是相当快的。债券的上市或挂牌转让服务的间隔期，总体上变短了，进一步满足了投资人流动性的需要。

○ **问：**如果发行人控股股东名称变更，是否涉及《公司债券临时报告信息披露格式指引》中的第28号“控股股东或实际控制人变更”？

● **答：**应该不属于。某个人“换老婆或老公”和“老婆或老公换名字”，这是两个概念。但也建议评估一下控股股东名称变更背后是否有隐情，看看更名是否有负面动机，即评估一下影响，适时披露更名情况。

○ **问：**（1）一家公司若在公司债发行过程中因为募集资金使用不规范和信息披露不及时受到“监管警示”（未说明债券限制发行期限）并计入“诚信档案”，后续发行公司债券受影响吗？影响几年？（2）如果上述监管警示处罚是其子公司收到的，是否影响母公司的后续发债？

● **答：**第一个问题，在监管警示方面，需要判断是行政处罚还是普通行政监管措施，以及是否违反《公司债券发行与交易管理办法》；若违反《公司债券发行与交易管理办法》，无论是哪种都会影响私募债的发行（见私募债负面清单），而发行公募债要看具体措施，看是否符合发行条件。第二个问题，后续发债的审核环节会关注该子公司的占比情况，因情况千差万别，需要在具体项目中与证券交易所及时沟通。

○ **问：**上市公司可转换公司债券发行人新增借款超过20%，是否要依据《公司债券发行与交易管理办法》进行披露？

• **答：**根据《公司债券发行与交易管理办法》第十二条的规定，上市公司可转换公司债券是不适用《公司债券发行与交易管理办法》的。但是，可转换公司债券发行人作为上市公司，其新增大量借款，很可能构成重大事项，按上市公司监管要求，很可能也要进行披露。总之很可能逃不掉信息披露这一关。就像春节因狂吃胖了一圈（负债或内疚增加），同事见面一般会说“哟，胖了”，这就是一种面对面的信息披露，藏都藏不住。

○ **问：**在公司债的募集说明书的“仲裁和其他争议解决机构”部分，对仲裁机构的约定有没有特殊要求？发行人可以任意选择国内的仲裁机构吗？

• **答：**一是关于要不要仲裁的问题，可以自由约定，既可以约定仲裁，也可以约定协商、调解、法院诉讼等。二是关于仲裁地点，并没有限制，经常是发行人所在地（便于依托当地司法机关执行裁决）或投资者所在地（投资者较少，投资者不想跑外地），也可以是其他地点，可自由选择。三是纠纷、违约处理最好具有一定的灵活性，如果约定太死，后续撕破脸时，很多事不好协调。例如，债券违约时，想要通过债券持有人会议来改变募集说明书有关纠纷处理的约定，恐怕一起坐下来喝杯茶都不容易（个人意见）。当然，有些人选择仲裁主要考虑到各地法院对于同一件事情的看法可能有差异，对于相关法律规则的解释可能也有差异，而仲裁规则相对灵活，纠纷处理起来可能迅速些。通俗地讲，仲裁就像学生时代打架后随时可以叫班里的“老大”当中间人主持公道，地点任选，规则也具有一定的灵活性。而法院诉讼，就像是打架后被叫去“校长室”，适用“校规校纪”。当然，“校长室”里也可以进行调解。

风险防控

○ **问：**《公司债券存续期信用风险管理指引（试行）》主旨是什么？

● **答：** 维护债市稳定运行的首要任务是打好防范风险攻坚战。2017年，证券交易所积极强化一线监管，通过分类监管审核、调整规模结构、加强动态监测、着力风险排查、凝聚监管合力等多种措施，守住不发生系统性风险的底线。2017年3月，沪深交易所发布了《公司债券存续期信用风险管理指引（试行）》，利于落实市场参与各方债券信用风险管理的主体责任，提高各方主动管理债券信用风险的意识，建立持续性、常态化的债券信用风险管理机制和体系，为交易所债券市场长期健康发展进一步打下了坚实基础。《公司债券存续期信用风险管理指引（试行）》要求相关主体在公司债券存续期内持续动态监测、排查、预警债券信用风险，及时主动采取有效措施防范、化解信用风险和处置违约事件，以及投资者依法维护合法权益的行为。对于风险债券，尽量不要有“个券”大地震，而要用平时（存续期）多次“个券”的“小地震”来化解个券“大地震”。风险就是一个不断释放的过程，不要等到最后一次性释放。

○ **问：** 为什么在公司债券还本付息时，要适当提前一点时间将部分资金归集到偿债专户里？

● **答：** 根据交易所的规则，发行人确实需要适当提前一点时间将部分资金归集到偿债专户里，主要是为还本付息适当打好“提前量”，若发行人有风险，也会提前发现。就像我女儿玩得正开心或专注时，一般会忘了上厕所，直到实在憋不住了，才不得不说她要去尿尿。我迅速把她抱到她的专属马桶上，经常有点来不及了。所以，凡事要打好“提前量”，不要在最后时刻才想办法解决问题。

○ **问：**发行人低价转让或划拨相关资产，性质如何？

● **答：**我有一位朋友，有次在欧洲坐火车。当火车在某站停靠时，广播用法语说了好多话，重复说了几遍，但我的朋友听不大懂。她之后才发现，火车在那个站被分成两截了，两截火车驶向不同的目的地。广播里一直说的就是这事，可是她听不懂法语。多险的火车乘坐方式啊，运载规模突然减少了一半。低价转让或划拨相关资产，多么像火车“减肥”，实际上影响了发行人的偿债能力。另外，低价转让或划拨相关资产对于公司治理也有更高的要求，除了需要依据《中华人民共和国公司法》保护债权人的利益外，债券需要按照募集说明书的相关约定处理，例如是否需要召开债券持有人会议，是否需要提前赎回债券，等等。

○ **问：**什么是债券的风险预判？

● **答：**坐飞机时，当隔壁的女士放下小桌板，用苹果电脑追剧，同时放一杯饮料在电脑边上，并且忍不住地狂笑时，边上的男士基本上可以先把纸巾备好——饮料被打翻是大概率事件。

○ **问：**上市公司实际控制人拟转让控股权，若交易达成，上市公司实际控制人将发生变更。目前，上市公司有公开发行的公司债券未到期，这种情况下是否需要召开债券持有人大会？如果需要召开的话是在什么时候召开，实际控制人变更后还是变更前？

• **答：** 一是关注募集说明书是否有关于实际控制人变更的限制性要求，一变更实际控制人就要求回售的情况比较少见，而且变更控股权属于发行人股东的权利，召开债券持有人会议对结果难有实质性影响；二是重大事项一般会进行公告，因为投资者会关注，且对未来可能会有影响。就像在家看电视，遥控器（实际控制权）在我手上时画面是CCTV5的体育比赛，遥控器在媳妇手上时，那就是《奔跑吧，兄弟》或《向往的生活》，结果不一样。

○ **问：** 民企发行公司债券，是否必须配CDS（信用违约互换）？

• **答：** CDS相当于是给偿债能力买一份责任保险，但目前尚未听说变成了"强制险"，更多以自愿和市场化需求为原则。

债券回售

○ **问：** 私募债券投资者有回售安排的话，发行人是否可以设置再次"回售"或"转售"来寻找新的投资者，以保持债券存量不变？

• **答：** 从学理的角度来讨论的话，在申报回售方面，若此前没有任何约定表明回售可以转售，表明该投资者希望结束这一段债券之恋。若将回售那一部分债券转售给别的投资者，追求与未回售时相同的效果，那么可能会带来一定的问题。一是对于未申报回售的那部分投资者存在不利影响。此前那部分投资者本已申报回售，但发行人实际负债并没有减少，而存量投资者必然希望发行人负债越少越好，未来偿债能力越强越好，否则债券一旦到期，发行人的偿债压力不小。二是将回售部分转售，将本来在“奈何桥”上晃悠的债务“续命”了，类似于新增债务或新发行债券，是否需要股东会或股东大会的同意？因为发行债券的权力掌握在股东会（有限责任公司）或股东大会（股份有限公司）手中。三是中国证券登记结算有限公司对于回售的债券和因转让清算交收的债券的处理方式有较大差别，这是技术上的问题。四是募集说明书约定，一回售，该部分债券就应结束、注销，但后来这部分债券“复活”了，这是否属于违反募集说明书的约定？所以，关键还是在规则和募集说明书约定时就将相关的回售、转售安排纳入其中，从而让发行人和投资者有相应的预期，这也是对全体投资者公平的做法。当前，在回售开关打开前，也就是回售申报期开始前，现在的债券持有人可与潜在投资者协商转让事宜，提前做好准备。

根据最新的消息，证券交易所目前已在落实回售之后的转售事宜——哪怕投资者回售了，债券也不一定要注销，可转售给其他主体。特别是在一定的经济环境下，发行人偿债能力遭到削弱时，回售无疑会让发行人提前承受还钱的压力，特别是面临流动性风险时，有的发行人甚至面临违约的可能性。抛开学理分析来看，回售之后的转售也属于市场主体的内在需求。

债券持有人会议

○ **问：**非公开公司债已经发行，其发行人现在拟变更募集资金用途，召开债券持有人会议的时间是必须在发出公告的10日后，还是说不严格受10日的限制，只要和投资者协商一致就可以在公告后立刻召开?

• **答：**需要严格按照募集说明书及债券持有人会议规则所约定的时间提前通知，留足投资者对相关方案进行讨论、消化和走流程的时间。另外，拟变更募集资金用途，切记要召开债券持有人会议。例如，非公开发行的两只债“16XX01”及“16XX02”募集资金12亿元，募集说明书约定募集资金的3.6亿元用于偿还信托借款，剩余部分用于某城中村改造项目。2016年12月29日，受托管理人出具“受托事务临时报告”，称募集资金并未按约定偿还信托借款，而是用于支付某市某项目征地拆迁款。根据《债券持有人会议规则》，变更募集资金用途需经持有人会议决议通过。经受托管理人核查上述事项，发行人未事先告知受托管理人，也未经债券持有人决议。违反的条文是《深圳证券交易所非公开发行公司债券业务管理暂行办法》第六十六条、《公司债券上市规则（2015年）》第5.3.3条：“债券存续期间，出现下列情形之一的，受托管理人应当及时召集债券持有人会议：（一）拟变更债券募集说明书的约定……”证券交易所采取的监管措施是对发行人给予通报批评的处分。根据中国证券业协会的负面清单，这样的处分会影响发行人后续债券融资。

○ **问：**债券持有人会议有权对变更本次公司债券募集说明书约定的方案做出决议，决议对全体债券持有人具备法律约束力。假如债券持有人会议通过了放弃债券回售选择权的议案，那么其他没有参会的投资人是否就没有回售权了？这个决议对回售申报期内不顾决议进行回售的投资者有约束效力吗?

• **答：**这应该需要讨论。根据《公司债券发行与交易管理办法》第五十四条的规定，发行公司债券，应当在债券募集说明书中约定债券持有人会议规则；债券持有人会议规则应当公平、合理。募集说明书里面有很多条款是不能随便动的，当初因为可回售“含权”而相对低成本发行，现在又要撤回这个权利，而原本发行人是要通过适当提高票面利率来抚慰大家（投资者）的回售冲动的。就好比你本来只是短期“租女友”回家过年（合法合规性先不讨论），后来却要求她住到第二年的春节，还不加“租金”（提高票面利率），这实在是对合同条款翻天覆地的更改。

公司债券还本付息

○ **问：**已经发行的债券，能否通过召开债券持有人大会的方式，将已发行的债券剥离到发行人的母公司，由母公司承担后续偿还责任并成为新的债务人？

• **答：**公司债券有特殊的属性，涉及承接主体偿债能力、承接主体信息披露与财务信息不对称的问题（尤其是此前未与监管接触的承接人）、受托管理事务配合主体的变更、债券持有人会议程序（大多数募集说明书没有约定该特殊事项）、承接主体的公司治理同意流程、变更导致此前相关主体和高管承诺的履行问题等，牵一发而动全身。

○ **问：**派息延后一天可以吗（两天均是工作日）？

• **答：**我建议发行人多渠道想办法，做好与债券持有人、监管部门等相关各方的沟通工作，做好信息披露工作，尽量不要延后。在“双十一”时，你把媳妇的信用卡冻结一天，并告诉她第二天就可以用，试想你这样做的后果（如果你够勇敢，可以试试，并记得同时买一份意外伤害险）。另外，三八妇女节时，我跟一小姑娘说节日快乐，她会很不乐意："我目前只过'女生节'，昨天过节（3月7日）。"可见，延后一天过节会造成多么大的伤害！

○ **问：** 发行人公司债券募集资金拟用于补流及偿还公司债务，偿还公司债务部分能否用于偿还即将进入兑付期的公司债券？

● **答：** 尚未看到禁止性规定，经过适当程序应该是可以的。从广义角度看，"公司债券"也属于"公司债务"的组成部分，"白马"也是"马"，是逻辑学上的"种属关系"。在极端情况下，一只债券刚发行完毕，如果马上要赎回的话，必然要动用专户里的本期公司债券募集资金，但具体要以监管部门的意见为准。

○ **问：**《深圳证券交易所非公开发行公司债券挂牌转让规则》第七十三条规定：发行人应当在债券募集说明书和受托管理协议中约定受托管理人职责，职责范围至少包括：在债券存续期间监督发行人募集资金使用、偿债保障金提取以及信息披露等募集说明书约定应履行义务的执行情况，并于债券付息日和到期日两个交易日前向本所提交发行人本息筹备情况说明。这里的说明应通过什么形式提交？需要包含什么内容？

● **答：** 就是一般的说明，如果能正常付本息，那么可以跟付息公告或兑付公告一起提交。若不能，那相当于重大事项报告，大家都会紧张，很多人就要加班了。相关人员可以提前向证券交易所的监管员咨询提交事宜。

公司债券违约与欺诈问题

○ **问：** 为什么现在大家对债券违约已不那么敏感？

● **答：** 房子刚装修好，孩子开始在墙上画画时，家长一般会很在意，后来画多了，家长已经不想阻止他了。要让孩子健康发展，就得尊重其成长规律。但总体上，被涂鸦部分占房子的“总墙壁面积”较小，风险可控。

○ **问：** 有哪些迹象可能预示着发行人或许存在偿债风险了？

● **答：** 举几个例子：不配合发布开始回售的公告；付息公告迟迟不提交；与承揽时的甲方脾气有所不同，存续期出现不一样的脾气，更易暴怒；问及是否有钱偿债时，总是说有，但不跟你说资金来源，闪烁其词；银行开始找发行人的麻烦，某些人总能先翻看到发行人的底牌（现金流）；浑水公司派人到发行人的仓库门口拍照或数货车进出数量。

○ **问：**《公司债券存续期信用风险管理指引（试行）》已发布。我们该如何理解“信用风险管理”“监测、排查、预警债券信用风险”？

● **答：** 信用风险管理，是指相关主体在公司债券存续期内持续动态监测、排查、预警债券信用风险，及时并主动采取有效的防范措施以化解信用风险和处置违约事件，以及投资者依法维护合法权益的行为。相关主体要提前应对债券信用风险。某球队参加客场比赛，入住酒店时，选择了住在较高的33楼，以防半夜有个别主场球迷来酒店楼下寻衅滋事，这就是一种风险预警机制。

○ **问：** 违约债券的投资者（债券持有人）与其他局外人有何区别？

● **答：** 在我睡觉翻身时，耳朵里又干又脆的耵聍（俗称耳屎）偶然断裂，声似雷鸣，吓了自己一大跳（债券持有人），但共枕人（局外人）却不会有感觉。

○ **问：** 怎么评价债券违约率？

● **答：** 都说明星经常坐飞机，我也经常坐飞机（基本上每周两次）。但我就很少在飞机上碰到明星，不知为什么，也许是概率使然吧。这就像债券的违约率，要坚定债券市场健康发展的信心。

○ **问：** 在债券违约时，发行人或受托管理人如何面对投资者的“夺命电话”？

● **答：** 对于债券违约，市场化、法制化处理方式是必由之路——民事诉讼或仲裁用于讨债，刑事诉讼用于解决欺诈发行，监管方解决违规行为。在债券违约时，当投资人打电话给发行人或受托管理人时，常得到的回答是：“你不要太悲观，但也不要太乐观，我们正在努力解决中。”有一位已离开我工作单位高升的长辈，常对我们说：“当你改变不了世界时，那就改变世界观吧！”刚性兑付思维，早已被打破。投资人在投资债券时应关注发行人的违约风险，这就是世界观外化为行动的表现和必备动作。

○ **问：** 我在处理债券违约时很痛苦，投资人的电话不断，有各种压力，如何调适好自己的心理状态？

● **答：** 经历过处理债券违约之事，你的债券职业生涯也算比较圆满了。当你的座机被放到公告文件上了，它就变成了10086式的咨询电话。面对投资者的各种情绪，券商要面对债券持有人会议的焦虑感、交叉违约条款的高压线压力、协助发行人筹钱的无力感等。人生在世必遇患难，如同火星飞腾。焦虑的人往往会放大压力，只要大胆面对自身之外的“不可抗力”，多行动，焦虑就少了。当然，也要防止自虐倾向，弗洛伊德的解释是：“假如人生活在一种无力改变的痛苦之中，就会转而爱上这种痛苦，把它视为一种快乐，以便使自己好过一些。”王小波将其简化为“人是一种会自己骗自己的动物”。

○ **问：**为什么债券的最终兑付是相当关键的？

● **答：**发行公司债券所需要的各种条件、对中介的各种规范以及存续期的各种要求，均是为了保护债券持有人的利益，最重要的还是最终的兑付。很多人关心《我不是药神》最终是怎么过审的，这样的片子不是比较敏感吗？但实际上，只要看看片尾（“相关药物纳入了医保”“生活会越来越好的”以及程勇在法庭上的最后陈述等），你就知道结尾很关键——就像债券的最终兑付是那么重要一样，前面的敏感和曲折不一定是最关键的。当然，在债券承销及存续的过程中，发行人千万不要涉险，要合法合规。

○ **问：**根据最近发生的债券欺诈发行案例，对于涉案金额达1亿元的案件，为什么诈骗罪会被判无期徒刑，欺诈发行债券的只会被判几年？

● **答：**诈骗罪是指以非法占有为目的，用虚构事实或者隐瞒真相的方法骗取数额较大的公私财物的行为。根据《中华人民共和国刑法》的规定，欺诈发行债券罪是指在企业债券募集办法中隐瞒重要事实或者编造重大虚假内容，发行债券，数额巨大、后果严重或者有其他严重情节的行为。诈骗罪的目的是非法占有他人财物，是“侵吞、占有”“不归还了”；是通过制作虚假的文件来发行债券募集资金，侵犯的客体是复杂客体，即国家对证券市场的管理制度以及投资者（债权人和公众）的合法权益。诈骗是以“直接吃掉”“吞掉”为目的的，主观恶意明显；而欺诈则是先到手使用，还得起最好，还不起再说，但开始实施时，一般没有直接侵吞的故意（若有，可能就存在此罪与彼罪之判断问题了）。本罪的主体主要是单位，自然人在一定条件下也能成为犯罪的主体。“诈骗分子骗了我的钱”和“我认识的人编个假理由、假情况找我借钱”，这二者有差异。二罪社会危害性有差异，但也期待《中华人民共和国刑法修正案（十一）》能够加大欺诈发行债券的犯罪成本及刑法的威慑力。总之，“光照在黑暗里，黑暗未曾胜过光”。

○ **问：**发行人出现了债务违约，但由于后期与债权人协商达成一致，将付款期限延长，现在未到最终偿付期。目前状态是否违背《非公开发行公司债券项目承接负面清单指引》（2018年修订）中“对已发行的公司债券或者其他债务有违约或迟延支付本息的事实，仍处于继续状态”这一情形？

● **答：**对此情况的判定好像尚无定论，存在争议。一种观点是，从技术角度来看，违约后双方达成展期约定，债权人谅解了发行人，则展期可以使违约状态暂停，因此可能不完全构成违约且在持续状态的情况，债权人认可，应该可以不算。这是从债权的相对性角度出发的，认为这种行为并没有伤害到债权和债务人之外的第三方。另一种观点是，已经出现债务违约，则同意展期的投资人可能与发行人合谋，让发行人新增融资，用于偿还前一批投资者的钱——“把锅甩给别人”，即甩给第二批的投资者，这个“雷”仍然存在。持这种观点者认为债券是涉及社会公共利益的产品，而不是简单的相对性债权债务。一般而言，出现此等情形的发行人在再融资时，投资人及监管机构可能会有顾虑。你可能做不同理解，具体以监管部门的意见为准。

债券流动性——质押式回购

○ **问：**什么是质押式回购利率的“周四效应”或“节假日效应”？

● **答：**在交易所市场债券质押式回购（“T+0”清算、“T+1”结算）模式中，周四回购融资，下周一才是到期结算日，回购资金实际占用天数为三天（周五、周六、周日），但回购利息仍然按照一天计算。投资者通过回购利率主动调整（比如，当前市场利率水平为3%，投资者报价9%），周四的回购利率一般是平时的好几倍，从而出现“周四”效应或节假日效应。实际上“年化利率”根本没什么大变化，只是时间拉长了。此前，交易所已决定修改回购计息方式。回购计息方式自2017年5月22日起施行，各品种的回购报价利率将代表回购资金实际占用期间的平均“年化利率”，更客观、更科学。比方说，球星姚明去你家吃饭，虽然名义上只是一个人来吃饭，但实际上他可能占用了三个人的饭量。即便这样，我们的宴请名单上还是只能写一个人，不会写三个，不会让人误认为晚上多了几个人吃饭。

○ **问：**债券质押式回购的好处是什么？

• **答：**债券质押式回购交易是指正回购方（卖出回购方、资金融入方）在将债券出质给逆回购方（买入返售方、资金融出方）融入资金的同时，双方约定在将来某一指定日期，由正回购方按约定回购利率计算的资金额向逆回购方返还资金。质押式回购增强了市场的流动性，满足投资者资金管理需求，可以降低企业发行成本（流动性是可以创造价值的）。例如，我这结了婚的人，在婚姻市场上退市了，流动性很差，基本为零，下班后基本不会请人喝咖啡；而那些未婚的“小鲜肉”，总能约到女孩喝咖啡。

○ **问：**债券回购对于投资人有什么益处？

• **答：**债券回购交易可为债券投资者提供过桥资金，解决流动性问题，并带来其他益处，也能为有闲钱的投资者解决资金出路问题。自从坐飞机带保温杯后，我基本解决了起飞时（10多分钟）、降落时（20多分钟）的口渴问题，保温杯成了这段时间的“过桥资金”。另外，春节回家几天，就像是父母对儿女的7天回购业务，过几天又得还回去——儿女得返回自己的工作岗位。节后开始工作的几天时间，内心充满的都是乡愁。

○ **问：**什么是一天的债券回购？

• **答：**就是我把钱借给你一天，你把债券质押一下，并付我一点利息。高中时的一个周末，我在书店看上一本数学辅导书，其解题方法非常实用，但我兜里没钱，只好待在书店近一天时间将那本辅导书看完。这一过程，书的所有权还属于书店，而我待在书店里当“质押品”，用了近一天看完此书并还给了书店，这就是一天的回购。只是书店并没有收取我的回购利息（书的占用成本，即资金占用成本）。

8

公司债券与房地产行业、特殊类型企业的融资

第一节　基本知识

房地产公司发行公司债券问题

房地产企业在境内发行公司债券有一定的限制，因此最近几年不少房地产企业去香港发行美元债，成本往往也不低。2016年，沪深两个证券交易所相继发布了《关于试行房地产、产能过剩行业公司债券分类监管的函》，房地产行业公司债券发行审核试行分类监管，也就是说，并非全部房地产企业都符合发行公司债券的条件。这也符合国家对房地产行业的调控要求。

在确定发行人是否属于房地产企业时，如发行人为证券交易所上市公司，原则上按照上市公司所属中国证监会行业分类结果作为判断依据。如发行人为非上市公司，也要参照《上市公司行业分类指引》执行——若发行人最近一年经审计的房地产业务收入比重大于或等于50%，则将其划入房地产行业；若发行人没有一类业务的营业收入比重大于或等于50%，但房地产业务的收入和利润均在所有业务中排第一，而且均占到公司营业收入和利润的30%及以上，则该发行人属于房地产行业。其中，发行人房地产业务收入包括从事普通住宅地产、商业地产、工业地产、保障性住宅地产和其他房地产所取得的收入，涵盖的范围较广。

目前，房地产业分类监管采取“基础范围+综合指标评价”的分类监管标准。“基础范围”是房地产企业申报公司债券应当符合的基础条件；综合指标评价则用来对符合基础范围要求的房地产企业做进一步分类，根据指标将企业划分为正常类、关注类和风险类三类。在基础范围方面，发行人应资质良好、主体评级AA及以上（对于私募债券发行人，因为私募债不强制要求评级，可引用发行人其他公司债券或债务融资工具的相关有效期内的评级报告）并能够严格执行国家房地产行业政策和市场调控政策的以下类型的房地产企业，包括境内外上市的房地产企业，以房地产为主业的中央企业，省级政府（含直辖市）、省会城市、副省级城市及计划单列市的地方政府所属的房地产企业，中国房地产业协会排名前100名的其他民营非上市房地产企业；鼓励和支持主要从事保障房建设等符合国家行业政策导向的房地产企业通过发行公司债券为项目建设进行融资。在综合指标评价方面，因为内容较多，具体可见《关于试行房地产、产能过剩行业公司债券分类监管的函》。

产能过剩行业发行公司债券

产能过剩行业分类监管适用于申报公开发行或非公开发行公司债券的煤炭、钢铁企业。煤炭、钢铁企业的认定标准参照上市公司行业分类的相关指引执行。

产能过剩行业分类监管采取“产业政策+综合指标评价”的分类监管标准。在产业政策方面，煤炭、钢铁企业应严格落实《国务院关于化解产能严重过剩矛盾的指导意见》等相关产业政策①要求，不得存在违反相关政策新增产能或其他违反产业政策的情形。根据《关于试行房地产、产能过剩行业公司债券分类监管的函》的要求，“发行人、主承销商和发行人律师应当对照国家化解过剩产能相关政策以及省级主管部门规划，说明或核查是否存在相关情形及其对发行人的业务经营和偿债能力的影响，出具专项说明或核查意见，并提供相关依据。其中，若省级主管部门尚未制订相应去产能规划，则要求省级主管部门对发行人本次债券的发行出具推荐函”。综合指标评价和遴选方面，具体可见《关于试行房地产、产能过剩行业公司债券分类监管的函》。

类平台企业发行公司债券

类平台企业公司债券的审核标准，经历了一个转变的过程。2015年公司债新政颁布时，要求发行人不能被列入银监会地方政府融资平台名单（监管类）②，有以下情形的发行人，不得发行公司债券：最近

① 相关产业政策包括《国务院关于化解产能严重过剩矛盾的指导意见》（国发〔2013〕41号）、《关于对违法违规建设生产煤矿实施联合惩戒的通知》（发改运行〔2015〕1631号）、《关于钢铁行业化解过剩产能实现脱困发展的意见》（国发〔2016〕6号）、《国务院关于煤炭行业化解过剩产能实现脱困发展的意见》（国发〔2016〕7号）、《关于金融支持工业稳增长调结构增效益的若干意见》（银发〔2016〕42号）等。

② 平台名单一般由中国银行保险监督管理委员会按季度更新，接下去是否会继续更新，需要关注中国银行保险监督管理委员会的相关政策。

三年（非公开发行的为最近两年）来自所属地方政府的现金流入与发行人经营活动现金流入占比平均超过50%，且最近三年（非公开发行的为最近两年）来自所属地方政府的收入与营业收入占比平均超过50%。上述规定即为“双50%”的规定。换句话说，发行人在来自所属地方政府的“现金流”和“收入”指标中，有一个指标在50%以下即可。于是，审核过程中出现了发行人对来自所属政府现金流进行“人为”调整的情况——“现金流”指标容易“拿捏”一些，只要做到50%以下，即可符合证券交易所发债的规定。

后来，证监会和证券交易所正是看到这些“人为操作”，对类平台的该规定进行了调整。证监会新闻发言人说：“考虑到发行人来自所属地方政府收入占比是衡量其市场化运营程度的重要参考指标，证监会在前期监管实践的基础上，进一步调整完善类融资平台的发债审核标准，重点关注发行人来自地方政府收入占比情况……”也就是要求在发行人最近三年（私募债是两年）的营业收入中，来自所属地方政府的比例若超过50%，将不能在证券交易所发行公司债券。较之此前同时看所属地方政府营业收入和现金流这两个指标，后来证券交易所只看营业收入占比这一项指标（俗称“双50%”变成“单50%”），进一步提高了类平台企业的发债要求。

当然，类平台企业在公司债券募集资金使用方面，也存在一定的乱象，主要是没有按照募集说明书的约定来使用募集资金，存在挪用等情况，一些发行人因此被当地证监局采取了监管措施，有的发行人被证券交易所通报批评或公开谴责。这些情况的出现，与类平台企业在当地的角色有关。

也有例外，类平台企业发行人若是将募集资金用来建设保障房项目，可以豁免“单50%”的要求。于是，不少不符合公司债券发行条件的类平台企业，开始申报用于保障房建设的公司债券项目，最终实现融资目标。

第二节　有趣问答

房地产公司发行公司债券问题

○ **问：** 一家上市公司的某子公司（发行人）属于房地产企业，但其排名不在100强以内，按监管分类属于正常类，并且能找到AAA级机构进行担保。这样的发行主体申报公司债能否受理？

● **答：** 该问题主要涉及房地产企业发行人的基础范围。上市公司的上市身份，一般情况下不能“世袭”给子公司，除非监管放松。建议多关注证券交易所相关审核口径是否有变化。在法律上，子公司是另外一个法律主体，建议以发行人为主体对照分类监管函（《关于试行房地产、产能过剩行业公司债券分类监管的函》）里的身份适格性进行核查。

○ **问：** 发行人的业务板块中有房地产业务，但是占比较小，使得发行人不构成“房地产企业”，中介机构是否还需要出具关于房地产的专项核查报告？

● **答：** 可以不出具专项报告，但仍应就是否存在“地王”、是否存在不符合房地产相关政策的情况、是否受到相关处罚等方面发表核查意见。全身（发行人整体）能长出“青春痘”的地方虽然不多，但仍然不能忽视“青春痘”，那都是“芳华”的外在表征。

○ **问**：发行长租类专项公司债券，可以配套30%的募集资金用于补流吗？

● **答**：关于长租类专项公司债，根据相关案例实践，可以配套不超过30%的募集资金补流。不过，发行人需要披露募集资金拟投项目的基本情况，也要披露取得文件的情况。在审核过程中，发行人必须能够取得项目立项批准书等相关文件。长租类专项公司债属于创新试点，政策正在明朗中，发行人需要密切关注相关审核口径的变化，具体以监管部门的意见为准。

○ **问**：房地产公司发行公募债券，用于偿还以前发行的公司债券，但之前的公司债券因投资者在回售期回售而提前偿还，发行人用自有资金先垫付偿还回售债券。在本次公司债券申请时用本次公司债券置换发行人自有资金垫付回售的公司债券资金，这样可以吗？是不是可理解为自有资金都偿还公司债券了，发债的必要性就降低了？

● **答**：借新还旧[①]意指“旧债”未消灭，仍然存在。否则就像是等台风过后，才说要加固防风设施，逻辑上有些不顺。

○ **问**：最近，债市有没有什么举措支持“居者有其所”？

● **答**：2017年10月18日，在中国共产党第十九次全国代表大会上，习近

① 借新还旧是对于房地产企业融资的相关限制，是基于监管部门对房地产调控的相关逻辑。

平主席在报告中指出："坚持房子是用来住的、不是用来炒的定位，加快建立多主体供给、多渠道保障、租购并举的住房制度，让全体人民住有所居。"鉴于此，目前，可以申报长租公寓方面的公司债券，租购并举，支持租赁市场发展。

○ **问：** 发私募债时，对于土地核查，是否做两年一期即可？

● **答：** 根据相关规定，对于存在以下情形的房地产企业不得发行公司债券：（1）报告期内违反"国办发〔2013〕17号"规定的重大违法违规行为，或经国土资源部门查处且尚未按规定整改的；（2）房地产市场调控期间，在重点调控的热点城市存在竞拍"地王"、哄抬地价等行为；（3）前次公司债券募集资金尚未使用完毕或者报告期内存在违规使用募集资金问题。对因扰乱房地产市场秩序被住建部、国土资源部等主管部门查处的房地产企业，中介机构应当就相关事项进行核查并取得相应主管部门意见。对于土地核查，建议核查报告期里的。谈恋爱时，你是希望向现任坦白所有过往恋情，还是只坦白最近一段恋情？

○ **问：** 房地产企业的母公司、子公司都发过公司债，拟发新公司债偿还时，母公司申请大一点的额度，覆盖子公司偿还前一期公司债的额度可以吗？

● **答：** 根据原来的规则，母公司发行公司债券募集的资金，可借给并表的子公司使用。目前房地产公司发债有"借新还旧"的要求，或者用于住房租赁项目。母子公司之间可以做这样的统筹，但是要求母公司募集的部分资金确实用于偿还子公司相应的公司债，母公司统筹使用了子公司的额度后，子公司不能再申请发行被统筹的相应额度的公司债券，但也请关注监管口径的变化。就像我的某张信用卡，那是一张副卡（子公司），与主卡共用一个额度，如果我媳妇拿着主卡去一趟香港，那么我副卡的额度就会急剧减少。

○ **问：**发行人是房地产企业，担保人（发行人的母公司）也是房地产企业，担保人需要进行土地核查吗？

● **答：**目前的政策没有要求担保人也进行土地核查，逻辑上也不一定合适。就像儿女考大学时需要体检，但并没有要求其入学时提交其父母的体检报告。

○ **问：**房地产企业若要发行住房租赁债，可以和普通公司债同时申报吗？

● **答：**2018年上半年开始，监管部门要求房地产企业发行债券，只能借新还旧，不能用于像以前的补流等用途。房地产企业发行债券的资金使用范围收窄，但仍可以用于住房租赁项目，根据最新监管口径，二者可以同时申报。另外，房地产普通公司债募集资金的去向，需要符合一定的要求。

○ **问：**如果某生产型上市公司（非房地产企业）准备申报公司债券，募集资金用于厂房建设项目（发行人自用），但厂房建设项目中涉及土地购买，且土地购买资金占项目总投资的比例过半，这种项目审核会有障碍吗？

● **答：**暂未发现禁止性规定，该用途与“房地产开发”相去甚远（符合分类管理条件的房企也可发债）。发行人本身非房地产企业，厂房建设（含买地）应该属于生产型公司名正言顺的募集资金用途。

○ **问：** AA+房地产上市公司满足房地产行业分类监管要求，也满足可续期公司债券审核指南要求，是否可以申报公募可续期公司债券呢？

• **答：** 房地产企业目前不能做可续期公司债券。

产能过剩行业发行公司债券

○ **问：** 某钢铁企业按照财务指标属于关注类，它若发行公司债券，对交易场所有特殊要求吗，或者说它有沟通渠道吗？

• **答：** 应按照分类监管函的要求进行核查，若属于关注类，一般也是能够申报并发行公司债的，只是需要根据分类监管函做进一步的披露和核查。所谓的沟通渠道，都在白纸黑字的规则里，在“三公”市场的原则里，在券商专业判断的结论里。

○ **问：** 发行人主要是做煤炭贸易的，是否受分类监管函的限制？

• **答：**《关于试行房地产、产能过剩行业公司债券分类监管的函》（分类监管函）主要管的是生产型企业。煤炭企业的认定标准参照上市公司行业分类的相关指引执行，若属于生产型企业，就要按照分类监管函核查。

○ **问：** 为什么一些产能过剩行业或企业发债现在受到了比较多的关注？

• **答：** 债券监管的思维与股票不一样，债券关键是看偿债能力。在电影《我不是药神》中，程勇开的壮阳药店，基本没有人光顾。在这条街上，他的保健品店就属于“产能过剩”——产品没有什么疗效，程勇没有什么收入或现金流，最后他连店租都交不起了，更不要说偿债了。

类平台企业发行公司债券

○ **问：** 在审核环节，为什么类平台企业发债会比较受关注？

● **答：** 未来，地方政府融资会倾向于单独依靠发行地方政府债券，这是一个重要的趋势，融资平台的历史使命慢慢会弱化。靠政府输血而活的融资平台，如果要经常献血，那么会有一定的风险，所以融资平台最好能有自主造血功能。另外，当地唯一的中心血站，偶尔也会因缺货或断货而告急。

○ **问：** 对于类平台企业发债，为什么要规范来自政府的收入不能超50%？

● **答：** 类平台企业有诸多收入是依靠政府提供的“母乳”，将来需要不断提高企业的市场化水平——添加市场化的“辅食”，才会有“断奶”的一天。

○ **问：** 怎么看待极个别类平台企业在做一些没有真实经济基础关系的贸易活动？

● **答：** 有极个别类平台企业为了满足“单50%”的指标，确实会在相关会计科目上“下功夫”，其实很希望它们真正进行市场化转型。想起一事，我下班到家时，发现水杯常常是满的，很是开心，本以为拥有了浓浓的爱。后来才发现，媳妇常常用热水烫完碗后（女儿的碗），随手就将水倒到我的杯子里，因此水杯常满。看似为我倒水，实则属于“烫碗”行为。记得透过现象看本质，真实的尽职调查相当重要，关注其真正的自主造血能力和偿债能力。

○ **问：**发行人的主营业务涵盖客运运输（主要为城市公交）、交通工程和旅游景区经营（主要为门票、观光车收入）三大板块。其中，交通工程业务为其全资子公司A运营，A拥有国家公路施工总承包二级资质；近三年来，交通工程业务发包方主要来自省内各市及县区，包括交通局、建设指挥部等，公司均以招投标方式取得工程，并根据市场化原则运营。在测算来自政府的收入时，发行人的交通工程收入是否可以豁免？

● **答：**不能，应该是要计入的。"单50%指标"本身已经允许一定的"量变"，即已给了50%的额度，若再多就"质变"了，具体以监管部门的意见为准。

○ **问：**PPP（政府和社会资本合作）项目，除了进行资产证券化，发债有什么相关要求？

● **答：**在发债标准方面，当计算50%指标时，符合条件的PPP项目收入可不计入来自政府的收入。

○ **问：**类平台企业，如果是"借新还旧"（用于偿还之前发行的公司债券），是否受收入50%指标的限制？

● **答：**据了解，放开了。一些不满足"单50%指标"的类平台企业，若发债是用来借新还旧的话，已有政策松动，具体要咨询监管部门的相关口径。

棚改债券、保障房债券和扶贫债券

○ **问：**省属计划棚户区改造项目，发行人公司债券募集资金用来购买已经建好的存量住房安置居民，而不是新建安置房。此种情况，是否会获得支持？

● **答：** 此前省级保障房项目豁免50%指标的计算，原意是为了支持保障房的建设；现在已经建起来了，募集资金相当于用作拆迁款和购房款（个人意见），目前暂未放行。另外，从交易成本增加的角度来看，居民为什么不直接向项目方买这些保障房，还要绕道向发行人（二传手）购买这些保障房呢？公司债券支持保障房建设，主要支持的是保障房“制造商”，而不是“二手商贩”。存量保障房去库存，应该使用综合手段。

○ **问：** 用纯货币化安置的省级棚改项目，若申报非公开公司债，能不受收入50%指标的限制吗？

● **答：** 纯货币化安置的保障房公司债券项目，目前尚未放行。

○ **问：** 房地产收入超50%的地方类平台公司发行保障房专项债，可以豁免房地产分类监管要求吗？

● **答：** 以保障房建设为主且本次发行用于保障房项目的房地产企业，或许可以豁免。

○ **问：** 类平台企业不满足50%指标（接近100%），现在还能用省级保障房做募投项目发小公募吗？

● **答：** 规则上是允许的，保障房可豁免50%指标的计算，但需要达到公募债的发行条件，同时关注后续偿债与业务对政府过于依赖的关系。同时，也建议关注《关于规范金融企业对地方政府和国有企业投融资行为有关问题的通知》等文件对类平台企业融资的相关影响。

○ **问：** 某证券公司团队报送的类平台项目，发行人虽然资质一般，但经常会有一两轮的反馈，尤其是针对申报材料方面。针对这种情况，你有何看法？

● **答：** 项目团队可能需要改变一些做法或习惯。爱因斯坦说："持续不断地用同样的方法做同一件事情，却期望得到不同的结果，这就叫作荒谬。"

○ **问：** B公司拟作为发行人非公开发行公司债，由于B公司的资产规模较小，需要通过重组增加净资产。B公司的母公司是A城投公司，A城投公司与区财政局签订有代建协议。截至2017年年底，存货中有三个在建项目（开发成本约为8亿元，两个保障房项目、一个道路工程建设项目），计划将这三个项目向B公司增资：（1）A城投公司出一个决议文件，将这三个项目向B公司增资，增加B公司存货与资本公积；（2）区财政局（甲方）、A城投公司（乙方）、B公司（丙方）签订三方协议，把这三个项目移交给B公司代建。通过上述方式增加B公司的资产规模是否可行？

● **答：** 问题里的角色好多啊！一是关注发行人从母公司处得到资产注入的有效性，需要满足公司治理程序合法有效、交易公平、合同有效、资产评估合理及公允性等各种要求，需要律师、会计师等专业人员的判断，我难以给出答案；二是关注偿债能力，类平台做大资产的一些习惯性做法，请关注其实际效果，以及其未来业务是否过于依赖政府的远期规划；三是关注类平台企业的50%指标计算；四是根据《关于规范金融企业对地方政府和国有企业投融资行为有关问题的通知》等相关文件，区财政局是否还敢去签这三方文件？

○ **问：**某省级的保障房项目，募投项目是否可以增加部分商业配套，从而尽可能实现项目自身的收支平衡？另外，在条件允许的情况下，是否可以进行部分补流？

• **答：**一是公司债券的募集资金要用于保障房项目建设，目前没有配套的补流额度（除非住房长租专项债等），也一直没有放行公司债募集资金用于货币化安置；二是商业配套，得看原来保障房项目的总体规划是否包括这些商业配套。具体以监管部门的意见为准。

○ **问：**城投公司自有的土地，如果后期卖给政府，那么在计算“单50%标准”时，这笔费用可以不计入“政府类收入”吗？

• **答：**“政府类收入”可以不包括已注入企业的土地使用权出让收入。

9

ABS 的原理与关键点

第一节　基本知识

ABS：将未来现金流提前变现的艺术

ABS是指发起人（一般指原始权益人）将本身缺乏流动性但具有可预测现金流的资产或资产组合（基础资产）出售给特定的机构或载体（SPV），以该基础资产产生的现金流为支持发行ABS，从而获得资本市场融资并最大化提高资产流动性的一种结构性融资手段。

ABS是近几年资本市场重要的融资工具，并且有很大的潜力。自2014年11月《证券公司及基金管理公司子公司资产证券化业务管理规定》颁布以来，资产证券化市场得到了快速发展。自2014年资产证券化业务备案制实行以来，ABS发行效率不断提升，例如，深交所2015年ABS的发行量超过了过去10年发行量的总和。证券交易所市场已经形成了公用事业、融资租赁、小额贷款、企业应收账款、商业物业等多种核心资产类别，并紧跟实体经济的发展需求。在新的经济形势下，ABS在支持实体经济方面还有较大潜力可以发挥。证监会与证券交易所也在不断拓展资产证券化基础资产的范围，未来将会有越来越多人们期望的金融创新产品在实践中诞生。

ABS 的重要性

从以下的相关政策支持内容便可看出ABS的重要性：

- 深化金融体制改革，增强金融服务实体经济能力，提高直接融资比重，促进多层次资本市场健康发展（摘自习近平总书记代表第十八届中央委员会向党的十九大所做的报告）。
- 促进企业盘活存量资产，推进资产证券化（摘自李克强总理2017年3月5日在第十二届全国人民代表大会第五次会议上的《政府工作报告》）。
- 2016年12月26日，国家发展改革委、中国证监会《关于推进传统基础设施领域政府和社会资本合作（PPP）项目资产证券化相关工作的通知》发布。
- 2017年6月19日，财政部、中国人民银行、中国证监会《关于规范开展政府和社会资本合作项目资产证券化有关事宜的通知》发布。
- 支持符合条件的住房租赁企业发行债券、不动产证券化产品，稳步推进房地产投资信托基金（REITs）试点［摘自《国务院办公厅关于加快培育和发展住房租赁市场的若干意见》（国办发〔2016〕39号）］。

- 推动供应链金融服务实体经济［摘自《国务院办公厅关于积极推进供应链创新与应用的指导意见》（国办发〔2017〕84号）］。

ABS的发展速度和规模

从2004年我国正式开启ABS业务至今，ABS业务的相关制度不断完备，发行、投资等业务环节趋于规范，ABS日益成为解决各种企业融资难，尤其是中小微企业融资难的重要工具。截至2018年年底，ABS产品余额为3.1万亿，证监会主管的企业ABS为1.4万亿元，占比达到了45%。

实际上，ABS在国内还有诸多的发展空间，基础资产也在不断地拓展，如知识产权证券化等。当然，据作为律师的朋友反映，ABS项目的收费一般会高于债券项目的收费，因为ABS项目的个性化比较明显。也就是说，ABS“量身定制”的内容较多，交易环节多，需要律师关注的事项也多。

第二节　有趣问答

ABS 的功能

○ **问：** ABS盘活存量，具体是什么意思？

• **答：** 举几个例子。一是应收账款，它本来是一个会计科目上的数据，但若通过ABS将应收账款提前变现，得到好用的现金，这就是盘活存量。二是在我去年快过生日时，媳妇给我买了一件皮衣，规定我生日那天才能穿，并叠整齐放到衣柜里（存量），但我已等不及，提前穿了，代价是帮媳妇偿还了该衣服的信用卡账单。这就是盘活衣柜里的存量资产，收益是好心情，并履行完了一个赠予合同（帮媳妇还信用卡）。三是春节快到了，父母问你何时到家，你说除夕那天才能到。父母等得不耐烦了，说："我先来把我的孙女接回来！"这也是盘活存量亲情，否则父母得多等好几天。

○ **问：** 有人说应收账款ABS就是盘活存量，怎么理解？

• **答：** 还有10多天春节就到了，父母问你何时到家，你说除夕那天才能到。父母等得心焦，就买票来到你工作的城市看你。父母盼儿女早回家，就是期待未来的应收账款；父母立马奔到你的城市看你，就是把应收账款提前变现，盘活了“孝道、亲情”等本来就拥有的存量资产。当亲情满溢内心时，你才明白你已冰冻它们快一年了。

○ **问：** 为什么盘活存量很重要？有没有形象的类比？

• **答：** 早上，我翻看13年前（2006年）的读书笔记，发现我在笔记本上写了这样一句话：“再贵的鱼，一两天后也会变得便宜，无论是寿司店还是数码业，存货都是有害的，速度就是一切（三星首席执行官尹中龙）。”发现你已拥有的东西，并在条件允许的情况下让它们流动起来，不管是有形的资产还是无形的思想。思想要盘活存量，主要形式是文字——将化诸笔端的文字传播出去，便是人世间最高倍的杠杆。

○ **问：** 用一句话概括一下ABS的主要功能？

• **答：** ABS就是将未来的现金流提前变现到现在来使用的过程。但是，当我提议将未来几十年的工资提前变现时，没有哪一个老板或领导敢多看我一眼。

○ **问：** 大学的学费，拿来做ABS的动因是什么？

• **答：** 学校若缺资金去建图书馆、学生宿舍，然后跟大一学生说“同学，你把未来4年的学费都交了吧！学校现在存在资金困难”，这位同学可能当场就退学了。所以，学校需要通过ABS从社会上一次性募集一定数额的资金，用来建宿舍、图书馆等，以后再慢慢归集大学生的学费，交还给专项计划。社会投资者相当于是帮学校“过桥”一定时间的资金。

○ **问：** 破产隔离，有没有什么比较形象的例子？

• **答：**（1）北方家庭在包饺子时，会在某个饺子里面放一个硬币或红枣，谁吃到谁就会有好运。破产隔离，就相当于在别人要吃掉整个饺子时，你有权把硬币或红枣拿回来，它属于专项计划，不会被破产管理人吞进破产财产里，即使存在“误吞”的可能性。（2）当你因世界杯赌球输钱（为法律所不容）被媳妇赶出家门时（相当于暂时破产），你还能隔着防盗门说：“老婆，帮我把手机拿出来一下，谢谢！”因为你有手机取回权。

现金流特定化、归集问题

○ **问：** 现金流为什么要特定化，不特定化为什么会比较麻烦？

• **答：** 如果现金流不能特定化，则会归属不清，易有纷争，也会增加各方成本。有些单位会统一发放同一牌子、同一型号的手机，同事一起开会或一起吃饭时，常拿错手机，这就是不能特定化的结果，大家最好在手机正面贴点什么（如“心理上的防辐射贴”）。另外，开会时，桌面上某一手机来电振动了。因手机振动都是一样的，无法特定化到某一个人，而桌子作为固体在传播声音方面速度更快，所以参会的每个人都会看一下或摸一下自己的手机，瞬间每个人损失3秒钟的时间，增加了整体的社会成本。当产权或归属确定时，交易成本就下降了。

○ **问：** ABS现金流特定化为什么那么重要？

• **答：** 特定化解决了现金流的权属和去向问题。广东春节后第一天上班，有发放“利是”的传统，由已婚同事给未婚的同事发放，金额不等。当上午大家一窝蜂地发放红包时，拿到“利是”的同事根本分不清楚是谁发的，即无法特定化到发放者是谁。此时，你最好避开高峰期，等大家发得差不多了，同事拆红包也拆得差不多了，你再去发放。你可以包得多一些，未婚同事都会知道是你给的大红包。当然，你也可以在红包袋上写名字。特定化也为红包包得大一点提供了激励。

○ **问：**基础资产界定为门票等权利凭证，是如何实现现金流特定化的？

• **答：**种类物需要特定化，例如，某笔收入在原始权益人的账上分不清是谁的，这就需要想办法特定化。基础资产的特定化手段要具有可操作性，例如，通过票号编码、销售记录等锁定基础资产，即给每一笔钱打上标签，这个标签表明了这笔钱的归属。编号具有重要作用。有一年七夕节，A某在外面跟同事喝酒，他身在外地的媳妇打电话问他是否在家，他说自己在家乖乖待着呢。他媳妇说：“那好，现在打开家里抽屉看一下，里面有一张10元纸币，告诉我那张纸币上面的编号是多少。”A某心里直打鼓，随便报了一个编号。他媳妇叹息地说：“实际上，我并没有在抽屉里放10元的纸币。”哎，太深的套路。

○ **问：**ABS审核为什么会比较关注资金归集和实现过程？

• **答：**ABS项目的各种监管账户、增信措施、风险缓释措施、项目补丁等都旨在实现对投资者利益的保护。这就像是修了一条水渠，终极目标是把现金流安全地从源头“引渠”到投资人那里，保证水渠的水源不被污染（权利瑕疵）；防止有人从源头偷水（现金流保护和归集不力）或在过程中偷水；防止溃堤（实质、重大风险）；保证足够的水量，水量不够时要有人往水渠里加水（差额补足等）；防止和其他人共用水渠（和其他现金流混同）；保证在水质不合格时，有人替换基础资产；防止中间出现漏损（现金流挪用或丢失）。

○ **问：** ABS转让基础资产后，原始权益人现金流减少，但有的权益人仍要负责后续运营，所以会比较关注发行主体的相关情况，现实生活中有什么比较贴切的例子吗？

● **答：** 对于供水、供暖、供热等现金流依赖于原始权益人持续经营的项目，原始权益人将基础资产出售后，应当在计划存续期间维持正常的生产经营活动或者提供合理的支持，为基础资产产生预期现金流提供必要的保障。例如，你的工资卡交给了老婆，这相当于你自己（原始权益人）基本没有了可入账的未来现金流——全归集到老婆账上（专项计划），但和朋友、同学聚会的钱（持续运营），以及伙食费、烟钱、酒钱等，还得自己想办法。此时，你也成了特定原始权益人了：若要活着、要健康，就需要额外再打一份工赚生活费，未来才会有更多收入和尊严，且不用睡桥洞，除非自己有未暴露的小金库或其他收入。

○ **问：** 在基础资产现金流源于物业服务费收入的ABS项目中，对于由开发商付费的前期物业服务合同，若开发商与物业服务公司存在关联关系，要注意些什么？

● **答：** 对于由开发商付费的前期物业服务合同，管理人应就该部分物业费用的入池比例、历史支付情况和延迟支付风险进行详细披露。若开发商与物业服务公司存在关联关系，管理人应重点进行说明和风险揭示。例如，父亲答应每周给女儿100元的零花钱（关联关系），前提是女儿各方面（学习、生活等）要表现良好。当女儿拿着这100元/周的现金流（债权）在班级里进行ABS时（班级众筹，然后用于买一台5 000元的笔记本电脑），我们就要关注各种利益冲突，包括100元/周的真实性（是不是构造出来的？）、100元/周现金流的稳定性或随时被取消的可能性（如女儿表现不好时）。同时，请关注物业费ABS的相关监管口径。

○ **问：** 托管账户与收款账户（监管/归集账户）有什么区别？

● **答：** 托管账户是属于专项计划的账户，而ABS通常也会设置单独的收款账户。因各种情形，基础资产产生的现金流可能先进入收款账户，随后再向专项计划托管账户划转。托管账户是专项计划的粮仓，收款账户是放在生产场所里面或边上的粮仓。托管账户就像是媳妇的银行卡，收款账户就像是其老公的工资卡，早晚需要归集到媳妇的账户上（长期博弈的结果，因人而异）。

○ **问：** 计划说明书要充分揭示回款资金混同及被挪用风险，原因是什么？

● **答：** 最近从书中看到，一位女士对英国作家威廉·萨默赛特·毛姆（William Somerset Maugham）说："我和一位男士相处很久，可是不敢断定我是不是爱上了他。"毛姆说："只有一个办法可以测验你是否真正爱上了他——你愿意不愿意用他的牙刷来刷牙。"甜蜜的背后，实际上是双方"个人物品"或"资金"的混同和共用，下一步面临的就是不分彼此的婚姻了。实际上，基础资产的回款路径应当被明确，最直接的是由债务人直接回款至专项计划账户。若基础资产需通过原始权益人、资产服务机构或其他第三方转付的，专项计划应当结合现金流回款情况合理设置归集频率，缩短处于风险中的时间。管理人应当在计划说明书中充分揭示资金混同及被挪用风险，设置风险缓释措施（如设置监管账户、更换资产服务机构等）。

ABS 产品设计

○ **问：**为什么有的专项计划结构要加入信托设计，例如将保障房销售款作为底层资产？

● **答：**首先，保障房未来不确定的销售款难以作为法律上可转让的资产，在架设一层信托结构后，名义上的专项计划基础资产就变成了法律上可转让的信托受益权，底层现金流不变。明明眼睛近视，为什么还要蒙上一层厚镜片？因为镜片具备让人看得更清楚的功能，具有让眼睛获得正常功能的特性。其次，加入信托设计可将不规律、不稳定的保障房销售款现金流变成规律、稳定的信托受益权现金流。例如，在你不清楚一年内媳妇会因耍脾气或吵架而跑回娘家多少次时（不规律、不稳定），你最好在岳母面前经常性地献殷勤（规律活动），将被动化为主动，让岳母帮你设计好各种风险缓释措施，比如把女儿劝回来。当然，这是我的个人想法，请勿对号入座。

○ **问：**在ABS构造信托受益权时，有人说银行或某个主体往往是昙花一现，怎么理解？

● **答：**当转让的资产是明天的收入，而这种未来收入在法律上又无法转让时，原始权益人进行ABS融资往往要架构信托受益权作为基础资产。这种资产往往是为了产生一个信托受益权而构造出来的，银行或某个主体相当于过个桥，随后马上就退出了，它们靠出售手中暂时持有的信托受益权而收回原来的支出。它们就像连续剧中第一集就去“领盒饭”的群演。目前，中介机构得核查银行或某个主体的过桥行为是否符合相关监管规定，例如《中国银监会关于规范银信类业务的通知》（银监发〔2017〕55号，2017年11月22日）。

○ **问：** ABS项目的风险自留是什么意思？

● **答：** 例如，某单ABS项目的发起机构持有该单ABS中的最低档次，比例为该单ABS全部发行规模的5%。风险自留就是老人本想跟你断绝父子关系，但老人依然还要带孙子——内心已经不想管你了，但还得帮你兜一些事。

○ **问：** 当基础资产涉及循环购买时，计划说明书要披露基础资产不足购买时的防范和处理机制，这是基于什么考虑的？

● **答：** 听当兵的人说，部队开饭时，饭菜偶尔会不够（基础资产不足）。老兵第一碗饭一般只打半碗，迅速吃完，赶紧再打一碗（循环购买一次），之后饭菜就没了，这样老兵总共可以吃一碗半。而新兵第一碗往往打得较满，等吃完再去打时，饭菜已经没了，这样新兵最终只能吃一碗，无法循环购买了。如果每打一次饭就算一次循环购买的话，那么后续有足够的基础资产可供购买便非常重要（防范和处理机制）。

○ **问：** 小额贷款债权ABS用循环购买方式，有什么好处？

• **答：** 小额贷款公司不能像商业银行一样吸收存款，它的钱是会用光的。专项计划的资金不断循环购买小额贷款公司的债权，有利于小额贷款公司迅速回收资金，使得小额贷款公司“永远有钱”。

○ **问：** 基础资产包括飞机的出租收益和市政基础设施管网的收益，有没有问题？

• **答：** 我个人不建议把不相关的资产一起打包做ABS。有些基础资产涉及负面清单，可能会拖累ABS，打包也会比较复杂。就像当我们一家三口去逛商场时，女儿常常闹着要把野餐的帐篷也带上，最后可能弄得逛街和野餐都不成或相互耽误。还有一次，女儿问我：“当我正在哭时，打哈欠为什么会让哭声中断？”我说：“因为做事要专心，人在当下，只能做好一件事情。”

○ **问：** 你觉得区块链+供应链ABS未来会有什么变化？

• **答：** 我个人感觉区块链和供应链ABS原本服务的是核心企业的一级供应商，双“链”合璧之后却可以服务二级、三级……N级的供应商，相当于原来服务的是“大石块”（一级供应商），现在把“大石块”敲碎，服务的范围变成了一粒粒的“沙子”，进一步扶持了中小微企业。科技对人类生活的改变有时很难预测，就像10年前你不明白微信对几大营运商的改变一样，我们对新生事物要保持适当的敬畏。

○ **问：** 不同景区的区间车乘坐凭证和入园凭证（两个基础资产）可以一起打包发行吗？

● **答：**基础资产具有相关性的话，我们可以探讨、沟通和推进打包发行。孙悟空从天庭坐回花果山的缆车费，以及花果山的入园凭证，不知是否具有相关性？还是要具体问题具体讨论吧。请关注监管部门对于景区门票项目的最新监管政策。

○ **问：**为什么ABS产品经常需要担保，不是以资产信用为主吗？

● **答：**投资人常需要安全感，需要几道防线以确保可靠性。小时候，每当我在吃饭时犯错，奶奶是不许我爸打我的。奶奶常说："吃饭皇帝大！"意思是不管小孩犯了什么错，当他正在专心吃饭时，不许打骂他，饭后再说。所以，从小到大，只要我在家里端着碗吃饭，就一定没事。犯错时，在我爸动手前，我立刻端起碗吃饭，这就是安全港，我能从中获得安全感。

○ **问：**什么是ABS的优先级，什么是次级？

● **答：**（1）在排队领面包时，若排队的人数是固定的，前面每个人领一个（优先级），那么最后几个人要么领不到面包，要么拿走剩下的所有东西（次级）。（2）你加班时，给家人打电话说"你们先吃"。家人要么把饭菜全吃了，你作为次级就亏了；要么会留下一堆饭菜，你作为次级就"赚"大了。当然，家人也可能只给你留一碗，饭上放点菜，跟优先级差不多。

○ **问：**一家"民办非企业单位"（名称为"××老年托养中心"）所持有的养老院资产做ABS有障碍吗？每年拥有固定的养老公寓服务收费。

● **答：**"夕阳产业"很"朝阳"啊，有些高端养老院建得极好，收入现金流也是相当可观的。我个人建议关注基础资产转让在法律上是否受限，以及原始权益人是否有权转让基础资产。若原始权益人有权转让基础资产，可参照常规项目，也可与监管部门沟通。

抽样尽职调查和逐笔尽职调查

○ **问：** 为什么有的基础资产不用每笔都做尽职调查？

• **答：** 对于小额贷款、融资租赁、应收账款等债权类基础资产，如入池资产符合笔数众多、资产同质性高、单笔资产占比较小等特征，我们可以采用抽样尽职调查方法。从成本收益的角度来分析，逐笔尽职调查的成本太高，必要性也是一个问题。例如，在老婆给你做了1 000顿饭后，你已知道饭菜口味如何，但朋友们不知道。于是朋友们偶尔来吃几顿（抽样），就能推测出其总体厨艺如何，也能见证一下你的家庭地位。还有，如果你在动车上吃过各种牌子的泡面，你就会知道哪些牌子的泡面在吃完后打嗝时会有塑料味，这也是抽样。

○ **问：** ABS抽样尽职调查如何注意样本的科学性？

• **答：** 有一天中午，我饭后和同事到隔壁栋的写字楼下面散步，一路没有见到几个美女，我同事就说这栋楼美女太少了。我说你的“样本”是“散步的人”，你只能说“这栋楼正在散步的人中美女较少”，不能说整栋写字楼没有什么美女，除非你到这栋楼里跑几层看看（这就是逐笔尽职调查）。

○ **问：** 专项计划基础资产抽样尽职调查为什么需要有科学的方法及覆盖面？

• **答：** 抽样尽职调查样本要具备合理性，最怕受让一些无效、有瑕疵或虚假的资产。A某在春节期间参加一个朋友的婚礼，事先得到的消息是“红包一律不收”。到现场后，因兜里红包较多，A某拿了一个硬壳的“空红包”（无效或虚假资产）就往新郎官手里送。新郎官说不收了，A某还是坚持要给。新郎官只好说：“红包我收了，里面的钱退给你。”（被抽样了）新郎官打开红包把手伸了进去，停顿了一会儿，看了一眼A某，然后就把红包退了，只剩下寒风中凌乱的A某。

ABS项目参与主体

○ **问：** 证券公司从事ABS业务可以采取包销形式吗？

• **答：** 根据《证券公司及基金管理公司子公司资产证券化业务管理规定》第十八条，证券公司自营、资管产品等可以认购公司管理的ABS，但应当防范风险，避免利益冲突。就像你在点菜时，要兼顾整桌人的偏好和忌口，不能只点你自己喜欢吃的菜，哪怕最后是你一个人把整桌菜吃完的（包销）。另外，资管产品投资应符合相关规定。

○ **问：** 商业保理公司在证券交易所储架50亿元供应链ABS，只发行了10亿元。保理公司对券商有点不满意，想让另一券商发行，该怎么做？是不是必须得等储架的剩余40亿元发行完毕后，才能换券商发行？是否需要重新申报？

• **答：** 可以换券商重新报，但有些浪费监管审核资源，具体需要核心企业针对发行安排出具专项说明，调配好发行的节奏和规模，说明每家券商发多少以及发行时点，等等。当然，新的券商可以选择加入，帮忙销售剩余的40亿元额度，不用重新报。具体以监管部门的意见为准。

○ **问：** 为什么说ABS的律师挺辛苦的？

● **答：** 经过艰辛、漫长的工作之后，本律师事务所认为："××证券公司作为专项计划的管理人和销售机构，具备担任专项计划管理人和销售机构的主体资格及资质；××银行具备担任专项计划托管人的主体资格及资质，××银行××支行具备担任专项计划监管银行的主体资格及资质；××公司作为原始权益人参与专项计划，具备担任资产服务机构的相应主体资格、资质及权限；专项计划相关各方拟签署的专项计划说明书、标准条款、认购协议、差额支付承诺函、基础资产转让协议、托管协议、监管协议、资产服务协议等法律文件符合《中华人民共和国合同法》等法律、法规和管理办法及配套规则的规定；拟转让的基础资产真实、合法、有效、完整且可特定化，权利归属明确，不存在影响其转让的各类权利负担；基础资产根据基础资产转让协议进行的转让合法、有效，基础资产权属已由原始权益人完整转让给管理人；基础资产与认购人、管理人、托管人、原始权益人的风险隔离措施合法、有效；专项计划关于循环购买的安排合法、有效；专项计划的信用增级安排合法、有效。"山盟海誓也不过如此，真不容易。同时，这也说明为什么律师在ABS项目中的作用比在公司债项目中的作用稍大一些（环节多了不少）。

○ **问：** 现在物业费ABS项目是否还可以设计成委贷模式进行申报？

● **答：** 律师需要对其是否符合商业银行委贷相关法规发表明确的法律意

见。你说你有健壮的体魄可以从事某种特定工作或行为，那你就得先拿出一份体检报告（法律意见书）。具体以监管部门的意见为准。

○ **问：** 某保理公司已持续开展业务两年以上，现计划变更控股股东、公司形式、公司名称和注册地址（跨省市）。以上事项变更后，保理公司是否可继续被视为已持续经营两年以上？

● **答：** 这个不影响吧。一个35岁的人，即使去“认干爹”（变控股股东）、“变性”（公司形式）、“改名字”、“搬家到别的城市”，他仍然是35岁，不会变成3.5岁。

○ **问：** 在ABS中，有证券资质的会计师事务所对原始权益人进行了三年连审，但差额补偿人由于一直都由非证券资质的会计师事务所进行审计，是否有证券资质的会计师事务所对差额补偿人进行重新审计？

● **答：** 未强制。援兵很重要，当援兵答应你在危急关头会顶上时，你就不要强求他们着装一致、步调整齐划一了。当然，我建议选取有证券期货从业资格的审计机构。

供应链和购房尾款 ABS

○ **问：** 应收账款供应链ABS可缓解中小企业融资问题，怎么理解？

● **答：** 目前，证券交易所积极引导应收、应付账款ABS产品创新，推进相关产业链良性发展，盘活存量，实现资源优化配置，缓解中小企业困境。例如“平安证券-万科供应链金融资产支持专项计划”，其基础资产为万科企业股份有限公司向上游中小企业采购建材或工程服务所产生的应付账款，系列产品累计发行19期（截至2018年年初），总发行规模达251.85亿元，共为1 800余家中小企业供应商提供融资服务（其中注册资本在1 000万元以下的供应商数量占比为34%），平均为中小企业降低融资成本100～300个基点，使供应商平均获得回款时间由超过两个月缩短为半个月，有效缓解了中小企业的现金流压力。

○ **问：**对于供应链ABS来说，核心债务人的评级有要求吗？比如核心债务人是AA，找一个外部担保，这种模式可行吗？

• **答：**原则上，供应链ABS目前要求主体评级不低于AA+。供应链ABS往往需要核心企业创造信用，充当主心骨的作用，若主体较一般，这种架构也较脆弱。就像房子本身的牢固、安全很重要，房子若需要后期加固，大家对它的信任感就会降低。但监管要求偶尔会有变，具体以监管部门的意见为准。

○ **问：**供应链ABS核心企业评级AA+，是否可采取储架发行模式？新设保理公司参与核心企业供应链金融ABS是否有资质问题？

• **答：**供应链储架ABS目前要求其核心企业主体评级为AAA。保理公司原则上要运营一年以上，注册资本或者最近一期资产有一定要求。在保理公司的资质方面，就像仓库的管理员一样，我们需要知道哪一些产品能入库，知道如何把关产品入库，明白产品储存方式，熟悉各个产品的保质期，了解防盗、防火等常识，也要明白各种控货行为与金融的关系，等等。请关注具体标准是否有变化。

○ **问：** 对于供应链ABS融资，债务人已经开具了商票并交付给供应商，但商票未到期。在这种情况下，融资是否仍能算作供应链ABS的合格资产呢？

• **答：** 因为票据存在无因性，若供应商已将票据流通了，那么供应商实际上已贴现了未来的债权或应收账款，此时供应商对核心企业的债权实质上已实现；若票据未流通，还在供应商手上，那么持有人拥有债权请求权和票据请求权。做供应链ABS比较复杂，持有人不仅不能有双重收益（既有票据收益，又有债权收益），还需要保证票据不流通。

○ **问：** 为什么供应链ABS项目中常出现保理公司的影子？

• **答：** 保理公司在筛选、管理基础资产时，有一定的专业优势，相当于为基础资产把了一道关。以前，房产中介带我看二手房（记得留一个不常用的手机号给房产中介），在看得满意后，我会向该房子的业主递个名片，表示自己是一个文明、诚信、可靠的交易方。但我们刚一出门，中介人员便会悄悄返回屋里，从业主手中拿回名片并撕掉，旨在防止“飞单”——中介都知道要截断业主和买房人的联络渠道。中间商赚差价往往是这个社会的常态，即专业的人做专业的事。

○ **问：** 目前，购房尾款ABS的入池资产可不可以包含部分非网签合同产生的应收账款？我们是否可以设定条款约定一旦非网签的入池资产出现不合格或者灭失的情况，立刻用合格的资产进行替换？

• **答：** 目前要求网签，非网签可能存在买房人因限购不合格、购买行为不符合政策、房地产商销售价格有问题等情况。因未走相关流程，非网签存在诸多政策风险或其他问题。我个人建议网签，阳光化总是比较好的。生活中，自从有了手机支付（微信支付、支付宝等），媳妇查账就更方便了——消费记录一目了然。这就是网签对行为放纵的良性约束。

审核和发行的其他关注点

○ **问：** 为什么公司债券项目标准相对比较好制定，而ABS审核标准一般不好制定，偶尔要个案沟通？

● **答：** 公司债券规则，就像服装厂给“人类”生产衣服，模式就几种（裙、裤、衣等），较为统一。而ABS的基础资产多种多样，就像服装厂给动物园的动物们生产衣服，模式较多——有的四条腿，有的两条腿，大腿粗细不均，脖子长短不一，背部平坦不一，等等。

○ **问：** 一些物业资产，为什么要关注物业的可处置性？

● **答：** 我结婚时，花了好几万元给媳妇买了一些黄金饰品。这几年，在有经济压力时，我总会打开抽屉，眼巴巴地看这些黄金饰品，打起它们的主意。但我总被媳妇劝退并谴责，媳妇说这些是带有特殊纪念意义的物品。我只好再关上抽屉。它们在我眼里，就是应该要盘活存量的资产啊！

○ **问：** 专项计划成立前发生的费用可以在计划资产中列支吗？

● **答：** 这个应该不属于专项计划费用，不建议纳入专项计划支出（个人意见）。专项计划在归集资金时，要颗粒归公，不损害投资者应得的权益。我以前听过一个讲座，说李嘉诚在外面吃鸡蛋、喝豆浆时，一般会先要一碗豆浆并喝一口，再要求往碗里面加一个鸡蛋，而不是同时点“豆浆+鸡蛋”（这样他就赚了一口豆浆）。

○ **问：** 原始权益人希望获得更多融资，甚至降低入池标准，而专项计划管理人会严格把关入池资产，如何理解这种冲突？

● **答：** 原始权益人希望专项计划把资产全买了，但专项计划一般只会挑选合格的基础资产，即只买一部分。有一次坐飞机时，空姐问我：“我们有鸡肉饭和牛肉饭，您要什么饭？”我说：“我只要餐盒里的酸奶，其他都不要。”空姐犹豫了一下，抿了一下嘴唇，还是给了我酸奶。我说：“不好意思，破坏了你餐盒的完整性。”空姐说：“没关系，您想吃什么就拿什么，这很正常。”我就像专项计划管理人一样，只挑选符合我要求的基础资产，因为肚子太饱了。而空姐希望我要么不吃，要么把餐盒及米饭全拿走。

○ **问：** 对于以运营稳定的、成熟的物业或其租金为基础资产的ABS，要求标的物业权属清晰，相关证照齐备，不存在经济或法律纠纷，否则会导致什么后果？

● **答：** 如果你知道银行卡或信用卡密码的前三位，你媳妇知道密码的后三位，那么没有哪个朋友敢接受你的邀请出去吃饭，因为这顿饭肯定会吃得好艰难——银行卡或信用卡权属太不清晰了，吃完饭可能引起家庭纠纷。

○ **问：** 公司债券要求发行人审计报告为总所出具，ABS对原始权益人有这个要求吗？基础资产为应收账款。

• **答：** 暂时没有要求。个人揣测，公司债更关心主体或整体风险，所以要总所出具审计报告，而ABS主要关心资产风险；一个关心整体，一个关心局部。就像相亲时，女方可能会把你的人品、财产、祖宗十八代都问一遍，甚至要找人算一下生辰八字；但若只是买房子（人生的局部），买房人一般只关心房子的相关情况。

○ **问：** ABS的封卷材料可以寄送吗？不用本人去现场申领吧？

• **答：** 在一般情况下，你从头到尾都不用去交易所。在ABS项目电子版上传之后，审核人员确认没有问题，就可以邮寄封卷材料了。然后，审核人员会把ABS无异议函寄给你，交易所从头到尾不收你一分钱。当然，我也见过某一个券商以到付形式把对纪律处分决定进行申辩的书面材料寄到证券交易所。

○ **问：** 供水、供热、公交车运营公司等发行ABS，如果原始权益人处于亏损状态，审核会有限制吗？

• **答：** 审核人员会重点关注原始权益人是否具有持续运营能力。现在很多姑娘征婚时仍会关注"有上进心，没有不良嗜好（赌博等）"等主体条件，这就是婚姻持续运营的基本条件，否则就是"皮之不存，毛将焉附"。

○ **问：** 一家民营企业跟大型国企A有稳定的业务合作，持续产生应收账款。这家企业计划用该应收账款做供应链ABS，大型国企A可以对应收账款出确认函，资信评级机构的债项可以给到AAA，但债权人只有一个，不满足债权人分散的条件，由债权人的实际控制人提供担保。这种情况可以申报供应链ABS吗?

- **答:** 根据项目实践，应收账款供应链ABS项目要求债权人有一定的分散度，我不建议做“单一债权人”的供应链应收账款ABS项目。在一般意义上，供应链是一个可能包含供应商、制造商、运输商、零售商以及客户等多个主体的系统，而“单一债权人”对应“单一债务人”难以构成供应链。就像“煮妇”或“煮男”在家里做一顿饭需要支付买菜费（可能含路费）、煤气费、水费、电费等，涉及很多供应主体，有“链”；若是“单一债权人”对应“单一债务人”，则是“煮妇”或“煮男”点了一份外卖，只需针对一个外卖网络平台付一次款，一对一，没有“链”。

○ **问:** 一个近几年经营非常稳定的国有百货超市，每年有几亿元的零售收入（包括购物卡和刷卡现金流），我们能否把这个超市的日常收入作为基础资产发行ABS？拟由AA级股东提供担保。

- **答:** 我不建议直接拿销售收入做ABS。你的设计思路是“我将商场所有未来收入都卖给你”，但未来收入这个大口袋里的东西太多，不确定性也多，很难特定化，经营管理对商场影响也较大，周边环境变化也影响销售收入（如新开大型商场）。当然，该基础资产的转让可能也存在法律上的问题或瑕疵。这个思路就像你对媳妇说“我所有的都给你”，一般属于不靠谱的话；但若你对媳妇说“我的工资卡给你”，这就是很确定和很好操作的事项，也很好预期。另外，拿所有的销售收入来做ABS实际上是关注主体的收入，已经与公司债券的思维比较近了。

○ **问:** 发电集团想以与电网公司签订的购售电合同形成的电费应收账款为

基础资产发行ABS。购售电合同是由发电集团下属电厂与电网公司下属单位分别签署的，下属单位都是独立法人。购售电合同规定，未经对方书面同意，不得转让权利。由于涉及的电网下属单位较多，由电网总公司出具同意转让的函，是否可以？

● **答：**一是基础资产如果被界定为合同债权，就具有相对性，律师需要就是否通知债务人并获得债务人许可发表明确意见。一个家族（比如电网总公司及下属公司）中的大部分人欠你钱，而你现在要将权利转让给专项计划，那么一般要跟这个家族的相关人员说一声，告知他们还钱的对象变了，有时还需要获得债务人的书面同意。至于能否由总公司统一出具同意转让的函，要看相关的公司章程，建议由律师核查并发表明确意见。二是基础资产如果被界定为收费收益权，就具有排他性，律师可能会认为电网公司并没有直接转让合同的权利，会发表不受合同条款限制的意见。实践中，两种界定均有，具体以监管部门的意见为准。

○ **问：**每一个合同所对应的应收账款若区分不清楚时，可能要整体纳入ABS的现金流当中，怎么理解这种操作？

● **答：**现金流需要特定化，每一笔钱往往对应一个或几个合同，若区分不清对应关系，我们可能要将这些钱整体纳入ABS的现金流当中。我看过一个中国人请七八个外国人吃饭的视频。中国人喜欢围餐，桌子中间有转盘，大家共同吃上面的每道菜。但是，老外等菜上齐了之后，每个人端走一盘，有的人吃鱼吃到饱，有的人吃茄子煲吃到饱。这很不符合中国人的习惯，但这种情况的出现与外国人饮食文化相关。若是中国人如此做，场面肯定会尴尬—— 一群人一起吃饭，点的所有菜均是属于大家“整体”

的东西，因为区分不清每道菜的归属。

○ **问：** 如果原始权益人不是物业的所有权人，而是从母公司（所有权人）以较低的费用租赁物业，并将物业转租给商户，那么这种架构是否会构成审核障碍？如果母公司提供担保或差额补偿，可以弥补这个瑕疵吗？

● **答：** 架构合理与否的主要关注对象不是“二手房东”，只要法律合同是有效的，有真实的基础交易，架构就是合理的。主要关注点是，从母公司租赁涉及的关联交易、关联交易的公允性（非公允性会给未来带来一些不确定性），以及整租合同是否能够覆盖ABS的期限。例如，“双十一”购物节有很多东西半价，大家会买很多没用的东西，然后再慢慢扔。节后有很多人会退货，临时的价格折扣可能给未来带来麻烦，包括退货导致的“买卖合同”履行结果的不稳定性。

○ **问：** 为什么应收账款ABS的基础资产池要具有一定的分散度？例如，10个相互之间不存在关联关系的债务人且单个债务人入池资产金额占比不超过50%。

● **答：** 分散度是为了避免风险集中。女儿有一堆小猪佩奇玩偶，她不小心把猪妈妈掉到靠墙那面的床底下，不好捡。女儿说猪妈妈一个人在床底下（单一债务人）会很孤单，于是我建议她把佩奇全家都扔到床底下，他们就有伴了（分散了孤独感）。女儿立刻照办，扔完对着床底下低声说：“我先休息了，你们全家晚上聊天时，尽量不要吵醒我哟。”这就让小猪佩奇一家分担了孤独感，实现了分散度。当然，也请关注豁免的情形。

○ **问：** 在ABS产品申请代码时，如果产品的简称和另一交易所的某个产品简称重复，有影响吗？

• **答：** 管理人应承诺，已核查本期资产支持专项计划的简称未与市场其他ABS、债券等金融产品的简称重复。人可以重名，因为中国人多，也难以避免重名。但ABS简称就不能重名了，因为ABS在金融业里算是一个小领域，就像一个小家族里有两个人重名一样，很麻烦且不方便。所以，ABS产品简称还是不能与其他产品的简称重复，这也是一种“类知识产权”。

存续期的投资者利益维护

○ **问：** ABS项目发行后，出现不合格资产入池的情形应如何处置？

• **答：** 专项计划应当设置不合格基础资产的处置机制（如自动置换、现金赎回等），并对具体流程做出明确约定。就像外科医生在处理伤口时，先要有个清创的过程（清除异物杂质），然后再用药。清创的过程就是剔除不合格资产的过程，也要有规定的流程。

○ **问：** 什么是ABS的风险缓释措施？

• **答：** 我有次带孩子和媳妇坐动车，从深圳到厦门。我一个人先行检票，并将两箱行李、两个背包放到座位上，媳妇要带着孩子买完早餐后再来检票。久等不来，我下车观望。过了几分钟，她们终于在扶梯的远处出现，此时乘务员说车门即将关闭。我陷入两难，车上有行李，远处有家人。就在我犹豫的这一瞬间，来不及取回行李了，因为车门关上了（基础资产4件行李失控，可能会灭失）。她们奔跑过来后，我们三人并排站在车外，跟4件行李挥手告别。随后，我们迅速找服务台问询列车长手机号码，通过电话让列车长找到4件行李，让她确认行李外观及里面物品（关注特定化），并“无因管理”到厦门站。接下来，我们三人坐上了后一趟动车，追着前车那4件可爱的行李。事后，我在厦门站抱着行李打12306，对相关人员给予毫无保留的AAA级好评。风险缓释措施就是要保证基础资产（4件行李）的安全及投资者利益，即使遇到不安全情形，也要实现最终结果的安全。后来有人告诉我，我在关键时刻幸好选择了家人，而不是行李，否则未来人生及生活质量堪忧啊。人生关键就那么几步！

○ **问：** 生活中有什么差额补足和风险缓释措施的好例子？

• **答：** 人们都说生完孩子之后，夫妻之间的感情会减半（基础资产现金流不足，减半了），因为另外一半转移到了孩子身上。所以逢年过节更应该买一束花（从玫瑰花逐渐变为百合花），这就是感情的差额补足，哪怕媳妇到家会先问你这花的价格，而不是关心花香不香或漂不漂亮。另外，ABS项目在申报和发行时，就需要准备好风险缓释措施。但在婚姻里，人们往往是在日子里慢慢造就和养成包容、美好言语、尽量无我（不以自我为中心）、付出等能力——这些才是婚姻里很重要的风险缓释措施。

○ **问：** 怎么理解ABS基础资产的替换机制？

• **答：** ABS计划说明书可以约定不合格基础资产的替换机制，这个很重要。记得在2015年，1岁多的女儿成功帮妈妈换过新手机，经过如下：女儿将妈妈的iPhone 5（苹果5）放到了家中的垃圾桶里，而我将整袋垃圾拿到楼下扔掉了，后来我们找寻良久，仍不见其踪迹。最后，媳妇成功在香港官网预约到了iPhone 6s Plus（苹果6s），这真是“全家合力，共换新机”。于是，我跟女儿说：“我的安卓手机，很卡了。”不知她听懂了没有。

○ **问：**什么是ABS产品结构中的差额补足？其性质是什么？

● **答：**在业务实践中，各界对差额补足有着不同看法：有人认为差额补足实质上是保证合同，有人认为差额补足属于补足人的债务加入（变成共同债务人），有人认为差额补足属于增信方的赠予行为（或有赠予、附条件赠予），还有人认为差额补足属于独立的合同义务。生活中，若男友对你说“我养你”，这是一种对你余生生活成本的差额补足，还是要共同奋斗的意思表示？父母对你说“我们养你”，应该是真的，但可能会附加很多条件；狐朋狗友对你说“我养你”，可能仅仅是一种临时的安慰说辞；老板对你说“我养你啊”，一般是反问的语气。但不管这句话是谁说的、性质如何，提供差额补足的主体应当具备持续经营能力和偿债能力。

○ **问：**目前ABS主要是私募发行，什么是ABS的协议回购？

● **答：**协议回购是由ABS交易双方自主协商成交的质押式回购，可为持券方提供流动性支持和出路，相当于给投资人一个过桥资金。就像刚刚毕业的硕士生找不到理想的工作，此时学校可能会说“那就留下来继续读博吧”。这就是学校将这位学生回购回来，为暂时竞争力不够的他提供再“回炉”的机会。

10

债市江湖里奔跑的人们

第一节　基本知识

做公司债券项目的心态与状态

我认识很多做债券的朋友，主要是一级市场的人士。我深知债券工作人员的不容易——高铁、飞机上随时可入睡；东奔西跑，电话不断；有的电话会议会一直持续到凌晨，休息时已是一两点或更晚，经常顾不了家；要么在承揽项目，要么在努力尽职调查，还要应付各种来自同行的竞争。个中滋味，只有身处其中才能体会。

我认识一位在证券公司上班的女士，她每天要带两个充电宝在身上，手机永远连着耳机线，总是有打不完的沟通协调电话。我在这家证券公司挂职时，只见她整天戴着耳机在楼道里边走动边打电话，手机经常打到发烫。她说等她加完班回到家里时，人已基本“没电”（两块充电宝也没电了），常常忘了自己还有个孩子。走进家中的卧室，恍惚中看到床上已睡熟的孩子时，她内心惊叹道：“我竟然还有个孩子！”

有一位券商朋友跟我讲，他不大敢白天坐飞机，觉得白天坐飞机挺浪费时间的。我一开始觉得有点奇怪，问他为什么。他说他的很多同事更喜欢用别人休息的时间坐飞机，例如乘坐晚上的航班或一大早的航班，因为他们要让客户在工作时间尽量能打通自己的电话；等客户进入休息时间，这时即使手机关机或处于飞行模式，他们也会相对心安一些。他的领导一般只坐晚上最后一班飞机或清晨第一班飞机，从而保证白天能够有足够的工作时间。该领导要么很晚睡，要么很早起，其结果是，头发白得飞快。目前，部分航班开通了上网功能，原来很多人在飞机起飞后会闭目养神，现在很多人却是盯着手机。我的这位券商朋友此前经常出差，在乘坐交通工具时，他随时随地都可以睡得着（这才能应对高强度的出差）。

最难的是未断奶的妈妈，她们在出差走访发行人客户时，找酒店的首要条件是“酒店房间要有冰箱”。返程当天，一般人早上会退房，然后带着行李去见客户，但哺乳期的妈妈不能退房，她要在见完客户后返回酒店拿装奶的容器，再往车站或机场奔袭。

最近几年，实体经济发展不好，债券承销竞争加剧。我有一次这样形容我的一位做债券的朋友，即“债券业务岗，工资不好涨，竞争似狼抢，累了地上躺，时刻均在场”。他说，这很贴切！在实体经济下行之时，内核安全的公司债券项目减少，债券工作人员抢项目的激烈程度剧增。有的券商告诉我，当经济下行时，债券从业人员的产能“相对过剩”，一个好项目，很多券商都会去走访，债券业务就更不好做了。

在承揽项目的过程中，证券公司的竞争也非常激烈。我曾经建了一个微信群（500人），里面全部是证券公司人员。有一位证券公司的员工本来要将拟承揽的债券项目信息（带着发行人名字全称）发给自己的领导，问领导何时有时间一起去走访一下这个发行人，可是他不小心发到了这个微信群里，而且信息已过了撤回时间。有几句话可描述这种状态，即“同行狂截屏，连夜就出行，梦里哭不停”。他当时立即发微信给我（因为我是群主），问我能不能帮忙把群里的这句话删掉，否则大家会一起去抢的，他也就基本没戏了。我回答他说，估计只有一个办法，那就是解散该群，但手机终端估计还残留着这些信息。可见，项目抢夺的竞争是多么激烈。

曾有一位朋友跟我说，证券公司人员在出行中发朋友圈只敢说到了“某省某地”，不敢说具体地理位置，生怕别人猜出他去了哪家企业，以至引来别人的“踩踏式承揽”。后来，另一位券商朋友告诉我：“我要求我的团队在高铁或者飞机上尽量不用电话谈项目，尤其是在高铁上，一等座就那么一两个车厢。曾经有一次，我发现坐我前排的券商在改标书，我看得清清楚楚，幸好我没有别的想法。”债市承揽也是一个江湖。

还有一次，一位证券公司的朋友问我：“在承做公司债券项目的过程中，主承销商是否可以帮着承担审计费用、评级费用、律师费用？现在有些项目的发行人不愿意承担项目申报前的费用，要求由券商共担项目申报失败的风险，不知道券商承担这些有没有文件限制？”这家券商若如此操作，就要垫资200多万元。这位朋友还说：“主要是现在稍微好一点的发行人都比较强势，券商搞定一个项目要承受各种蹂躏。”我很少见到这样的，主配角的关系都颠倒了，这也算是券商的一种不正当竞争吧。

不管大家喜不喜欢，这个江湖一直存在。这里有一群乐于付出、不畏辛劳的人，他们服务着实体经济的发展。

债券工作人员的专业化之路

债券工作人员作为专业人士，每天的工作强度挺大。我因为工作关系经常跟他们在微信和电话里交流，也常常能看到他们朋友圈的动态。我时常受到激励，收获良多。

券商精英们整天关注和分析最新资讯，用Wind（万得）等金融户端比用微信还勤快（虽然Wind很占内存，电脑偶尔会卡），特别是在周五晚上政策密集出台时，阅读量和分析工作大量增加。他们整天都在设计产品方案，整天关注税收等成本环节，整天探索产品创新方式，整天花心思帮客户打好组合拳，整天关注和处理各种利害关系，整天都在变通，整天与同行“咬耳朵”直到“重伤”，整天说压力很大并不断向外传导压力，整天背着包在天空中飞翔。另外，一到五一劳动节、国庆节等假期，他们经常在境外，微信朋友圈图片下面那一行地理文字，大都是我不认识的地名，这让我羡慕不已。他们在人生的“增值要务”上从不犯困和懈怠，分秒必争。这就是我羡慕和渴望的专业状态，他们不断吸取各类信息精华，入心入脑。

我越来越明白，人生赢就赢在行动和执行力上。有一次，我看到一句话：“你跟别人的差距，不在于你走得慢，而在于别人走的时候，你只是一直在看。”挺有道理的。

第二节　有趣问答

债券投行人员的奋斗状态

○ **问：** 近期，债券一级市场从业者信心有点小变化，如何给大家鼓鼓劲？

● **答：** 一是债券相比于IPO，承做周期较短，也不要求保荐代表人签字，不需要过发审委，排队时间少，确定性相对高一些；二是债券相比于股票，发行人发的债券始终是会到期的，会有重复的业务机会（发行人改制前、改制后、新三板前、新三板后、上市前、上市排队中、上市后均可发行公司债券），而股票很难“到期”；三是债券相比于银行贷款，只要银行贷款存在，债券就会存在。

○ **问：** 各种债券品种如何与人生相联系从而好记一些？

● **答：** 结婚后未买房，房价一直涨，就相当于发了一个利率不断跳涨的永续债（可续期公司债券）；拿着相对低的工资，期待未来会有职位或涨薪的回报，就相当于发了一个可交换公司债券（可交换公司债券成本可能较低）；在国外打工，把钱都汇回国内，就相当于发了个点心债；儿女在国外读书，父母整天寄钱出去，就相当于发了一个熊猫债；把大学初恋娶回家，从短期恋爱转成长期持有，就相当于发了可转换公司债券；有一个美好的愿景，能讲一个美好的故事，目前净资产不太多，让大家投钱，就相当于发了一个双创债；把工资卡交给媳妇，就相当于原始权益人做了一个ABS，现金流给了别人，而“运营成本”（养活自己、烟酒钱）却归于自己。

○ **问：** 作为债券人士，如何表示媳妇的预产期已经过了？

● **答：** 债券业务从业人员都喜欢用“T+几”或“T-几”这样的专业术语（“T”就是当天的意思，如兑付日）。很多人形成了职业习惯，生活中也难以避免使用这种职业化语言。我有一位很熟的朋友，他平时的主要工作内容是监管公司债券，一个人监管了100只债券。有一次，我得知他媳妇快生了，我问他媳妇何时生。他说，本来应该是“预产期T-2”就能看到本息款，但现在已经是“预产期T+3”了，延期兑付了；若过了今年的9月1日，那么人生的同窗就换成另一批了。你看，这位朋友已经太职业化了。

○ **问：** 债市艰难时期，如何调整心态？

● **答：** 当遇到气流时，飞机就开始颠簸，人们一般会很紧张地抓住扶手，内心产生恐惧。后来我想通了，顺从飞机吧，不要太与世事较劲，有时要有随它而去的心态，不要害怕。有时候，你感觉到的巨大压力往往是由睡眠不足导致的——负面情绪趁机“放杠杆”了，好好睡一觉就好了。

○ **问：** 送祝福时，如何让人知道你是做债券的？

• **答：**逢年过节，我们常会收到各种微信或短信祝福，一般会回复“同乐”“感谢”等字眼，但有时感觉缺乏创意，想回复一点儿不一样的。有一次，我在回复别人的节日祝福时自编了一些跟专业有关的信息，内容为：“祝愿您人际关系如质押式回购般受欢迎，顾家如信息披露和受托管理人一样尽心尽责，身体各项指标如AAA级债券一样安全，孝顺如按月或按旬派息一样让老人烦，践行募集债券说明书的约定就如‘区块链’的智能合约一样到位、精准，恋爱如债券承销成功及拿奖金般热情，赚钱像归还债券本金一样，扑面而来、汹涌澎湃。总之，祝您快乐、吉祥！”这些文字，人们基本上都能看懂。结合自己的专业编点段子也是平时乐事之一。

○ **问：**中秋节了，你要对做债券的朋友发送什么样的祝福？

• **答：**我去年中秋节是这样回复给我发祝福的朋友的：“祝各位债券精英揽项目就像嫦娥独享玉兔一样确定，项目机会就像吃不完的月饼一样多，奖金发放就像‘莫兰蒂’台风一样迅猛，尽责到位就像陪家人过节一样安心，批文额度使用就像中秋月亮一样圆满，项目报证券交易所就像表白时一样坚决！中秋节快乐！”

○ **问：**如何让别人知道你已结婚生子，并且还是债券民工？

• **答：**若要用资本市场专业术语来表达的话，你可以这样说：本人已在婚姻市场上退市多年，流动性基本为零；喜糖和彩礼几年前已全额按时本息兑付，目前衍生品已5岁；家中的“执政党”每天就像债券受托管理人一样唠唠叨叨（并抱怨发行人偶尔不配合、失控、不听话）；婚姻长久得像不退市的股票一样，有涨有跌，有哭有笑，但还是要坚定看好，长期持有，否则成本更高。

○ **问：**若在中午给证券交易所的债券监管部门工作人员打电话，要注意什么？

• **答：**每个交易日，证券交易所债券监管员的座机经常响个不停。按照常理推测，人们最厌烦的是中午午休时电话铃响，因为醒来后再入睡就比较困难了，而中午休息时间就那么点儿。俗话说“中午不睡，下午崩溃”，中午休息好可保证下午的工作效率和工作质量。监管工作也是脑力活动，充足的休息对于监管人员来说很是关键。据悉，下午1:30前是证券交易所债券监管员和审核人员的休息时间，你一定要记得在下午1:30之后再给监管人员打电话咨询，否则整个办公室午休的人就会全部被吵醒，影响面较大。

○ **问：**为什么不同项目的申报速度有所差异？

• **答：**审核流程都是一样的，但项目情况是有差异的，因为材料质量有高低，反馈意见有繁简，奖金焦虑有大小。

总之，做好内功，珍爱生命，审慎对待甲方（发行人）的“夺命电话”。当然，证券交易所在审核项目时，对每个项目的审核速度和反馈意见都可能不一样。例如，对于资质差一些的发行人，反馈意见会多一些，因为证券交易所希望发行人能够有更多的披露（就像科创板的“注册制”问询），将风险说得更透些；而对于优质发行人，反馈意见往往会相对少一些，因为其有足够的偿债能力。实质上，债券审核更关注偿债能力，这与IPO审核有较大的差异。

○ **问**：为什么承销商那么在意每个债券项目的成败?

● **答**：债券承销商一般只有在公司债券项目发行成功后，才能收到发行人给的费用。因此，债券承销商做项目就像做风投一样，激励的实现是以发行结果为触发条件的，若项目不成功，前期投入就会打水漂。承销商一般是乙方，谈判地位较不理想，如果债券承销商想提前收费，那么发行人很快会找到别的承销商。个别债券承销商在追求项目承揽、申报和发行成功率的过程中，也会出现道德风险或过度激励，甚至铤而走险。国外的很多项目中介机构（如律师）往往“不以成败论收费”。因此，我国有必要改变债券承销商的执业生态，改革收费机制，但这条路很漫长。

○ **问**：如何看待个别债券团队负责人带着下属集体跳槽?

● **答**：也许是市场规律、安全感需求、减少沉没成本等因素使然。我想到了新闻报道的贵阳现实版《飞越疯人院》——三甲医院科主任携60余名精神病患者“集体出逃”，一起“消失”的还有该科室的4名医师和7名护士。“集体出逃”的主要原因是患者对主治医生有情感依赖，主治医生也做了一定的家属动员工作。或许每位团队负责人都是一名精神科医生，他带着一群债券民工，并与他们互相信任、互相依赖。

○ **问**：对于管理各种债券微信群，你有什么心得体会?

● **答**：有一次，我向一位我很敬重的老者请教：“如何看淡人生的荣辱得失？我这小年轻，有一些看不透啊。”他回答道：“有理想，有为社会大众服务之心，就会看开。”是的，我以前或许不认同，但现在却深以为然。“日答问题三百个，不辞长作此群人。热情惜时身心勤，群殴互动日精进。”（群殴，系指群里的管理人员常被@，要求回答问题，经常是多对一。）

○ **问：** 有些发行人从来没有发过债券，对此有些担忧和顾虑。如何消除这些发行人的顾虑？

• **答：** 我走访过很多债券发行人（有时一天走访6家），特别是非上市公司，它们对发行公司债券有诸多顾虑，对各种情况进行了解也需要一个过程。很多顾虑只能靠实践才能打消。证券公司对公司债券比较熟悉，但发行人觉得债券较为专业，二者在消除信息不对称方面还有很多的事情要做。我90多岁的奶奶教我，刚剪完的指甲有点儿锋利，经常会划伤自己或别人，但只要给自己洗一次头，指甲就能被磨好、磨顺。90多岁的老人家就是这么有智慧。你可以亲身体验一次，看看你的“指甲”能否被磨顺。

○ **问：** 如何看待债券发行困难？

• **答：** 2005年，我在厦门大学读研究生二年级。我是来自农村的孩子，大四毕业就跟家里宣布要经济独立，所以读研的学费、生活费全部是靠自己兼职打工赚来的。有一天晚上，我要参加同学婚礼，需要随礼200元，但当时兜里只有几块钱，我就用信用卡在ATM机（自动取款机）上取现200元。银行收了我2%的手续费，共4元，我很心疼。我若能回到14年前并遇见自己，我会对呆站在ATM机前的自己说：“没事的，以后你会过得挺好的！”后来，我就在“举债”过程中让日子一点点好起来了。当时，我觉得自己遇到了人生寒冬，但后来发现寒冬只是春天前的一个季节，这个季节只会持续一段时间。实体经济去杠杆的过程必然会有一定的萧条期，但不会永远萧条。套用一句俗语："一个没有风暴的海洋，那不是海，是泥塘。"

○ **问：** 发债困难、痛苦的相对论是什么？

● **答：** 从深圳到厦门坐动车要3.5个小时左右，媳妇偶尔会抱怨说："坐这么久，挺累的。"我说："我下周要讲一次课，也是坐着，但要一直讲3个多小时，后面还有答疑，你说这样累不累？"她说："嗯，这样确实更累。"人们的焦虑行为往往是做事不够努力而造成的，只要行动起来，焦虑就会立马缓解。同理，发债困难也需要靠行动来化解。心理学家弗兰克说："投入地去爱一个人，投入地去做一件事情，幸福就会降临。"

○ **问：** 在揽业务过程中，债券承销人员既希望客户合规，又希望与客户建立良好感情，这种尺度该怎么把握？情商有多重要？

● **答：** 其实，坦诚一些、客观一些、专业一些很重要。尽量把"丑话"说在前头，把对发行人的规范要求形成"白纸黑字"的项目文件，特别是对那些存在容易挪用募集资金、信息披露意识不足、对规则缺乏敬畏的发行人。"情商"不重要，我们要靠专业与人品取胜。

○ **问：** 在债券承销方面，有人"阳春白雪"，有人具有江湖义气，怎么看待这两种情形？

● **答：** 债券承揽江湖里有多种门派和风格，有激进派，也有保守派。在电影《摔跤吧！爸爸》中，印度国家体育学院的教练固执地沿用原来的思想，希望以防守为主，并不了解吉塔的真正优势在于进攻。吉塔的父亲最了解自己女儿的优势，即进攻优于防守。我最近听到一句话："做承销，最好不要有玻璃心，玻璃心是肯定要碎的。"有人说，我们要尊重这个市场的百花齐放，尊重多样性。然而，这个债券江湖最重要的前提是合法合规，需要"阳春白雪"。

债券投行人员的专业化之路

○ **问：** 券商在承揽项目及尽职调查过程中要坚持一些原则，需要什么样的决心和勇气？

● **答：** 在《西游记》里，所有想吃唐僧肉的妖怪都固守一个原则：吃熟的！也就是说，它们要把唐僧煮了再吃，不吃生的。此举有力维护了西天取经大业的整体秩序，为徒弟们的营救争取了足够的时间。实际上，唐僧肉"有毒"，吃唐僧肉的后续责任较大。所以，承揽项目也要坚守原则，不要存在"买彩票"的心理，否则后续责任、受托管理等事务会存在极大的麻烦。例如，发行人失控、不听话或不配合，甚至在产品到期日突然宣布违约，届时事情就难办了。

○ **问：** 当同事们去参加债券培训班时，我该如何劝他们好好听课和看书？

● **答：** 我给很多董事会秘书培训班、独立董事培训班、财务总监培训班、债券培训班、ABS 培训班讲过课，有的课程要通过考试才能拿到证书。我会跟学员说："记得好好听课，有空多看看书。把所有学习和看书的机会集中在考前那个晚上，把所有的职业风险延后到以后漫长的执业生涯中，都是不理性的。每一页纸都会有货币化的回报，同时也会带来安然无忧的梦境！”实际上，社会上关于债券的培训班层出不穷，培训课程有长有短，用心去学习相当重要。只是人们习惯于边听课边玩手机或打电话，遇到不懂的专业名词、原理等也不去深入求证。我常在学员的群里发这样的信息，有一定的催学效果：要成为一名金融专业人士，真的需要平时下足功夫并持之以恒。

○ **问：**债券工作人员如何提高工作效率呢？

● **答：**一是上卫生间时尽量不要带手机，否则领导很容易在卫生间找到你，因为风险敞口太大（不在工位上的时间太长）；二是工作期间尽量不刷朋友圈、微博等，这属于对工作时间的挪用，就像挪用债券募集资金一样；三是番茄计时工作法（25分钟工作时间+5分钟休息）的效果挺好，就像债券分期发行往往不会给投资人造成太大的压力；四是打开电脑时先不处理邮件，也不看新闻，先把手头的重要事情处理完，再去处理其他事情。

○ **问：**现在债券销售行情不好，如何安慰自己？

● **答：**让食物更美味的办法之一是制造“饥饿感”，方式包括跑步、走路、打球等，这相当于消耗现有能量以带来补充能量时的片刻快感。有人说，马拉松结束后喝的那口水就是“天堂之水”，巨甜无比。让身体偶尔达到暂时的极限或非常态是一个能让人快乐的办法，因为稀缺本身就是一种价值。相信年景总有好的时候！记得常向你的客户传达这种信心，不要对债券失望，这就是专业精神。

○ **问：**什么是债券财务数据之间的钩稽关系？

● **答：**我曾在某个会议的现场目睹针对一个议案的投票过程。第一步，主持人说同意的请举手，大家举手（100%）；第二步，主持人说反对的请举手，没人举手（0%）；第三步，主持人说弃权的请举手，没人举手（0%）；第四步，主持人宣布全票通过（100%），大家鼓掌。这四步是多么良好的钩稽关系，相互吻合，一点也不冲突。

○ **问：**为什么做债券的人总是计较几个基点呢？

● **答：**生活中的我们在给儿女取名时，尽量不要用生僻字、多音字、易错字等，否则会增加儿女以后漫长人生的社交成本——每告诉别人一次名字，均要多费10～20秒解释怎么写或怎么念。这10～20秒就是几个基点，你说重不重要？有一次，我们一行15人去香港的“麦理浩径（Maclehose Trail）二段”徒步，走路一共要5个小时左右。我出行前把很多当天不必要的东西（戒指、手表、卡等）都放家里了，因为每多带一样东西就是多几个基点，全程下来会额外付出了很多体力，只有“轻装上阵”才是王道！

○ **问：**做债券养成的职业病给你生活带来哪些困扰？

● **答：**有一次，我坐神州专车去机场。在交高速过路费时，我懒得拿现金，就让神州专车师傅帮我垫付一下。高速过路费是我对师傅资金的挪用或短期拆借，还是师傅自身经营神州专车的正常“补流”？我一直没有搞懂，同去机场的同事说我“真是闲得发慌”。

○ **问：**你羡慕别人名片上的哪些称号？

• **答：**我有一些同学、朋友，他们名片上的职务都比较“高大上”——董事总经理、高级副总裁等，这些在传统的公司职称里都属于非常高的职位了。别人名片上写着ED（执行董事），而我只能充当LED（发光二极管）——散发着自己的光芒，例如写一些“不正经”的有趣的问答。

○ **问：**债券市场加强监管，以至发行人及券商内心有所顾虑，那么我们如何才能让自己的内心无忧无虑？

• **答：**《深圳证券交易所公司债券上市规则（2018年修订）》第1.6条规定：发行人及其控股股东、实际控制人应当诚实守信，控股股东及实际控制人应当严格遵守相关法律法规及本所自律监管规则，不得滥用公司法人独立地位和股东有限责任，损害债券持有人利益；发行人的董事、监事、高级管理人员或者履行同等职责的人员应当勤勉尽责，遵守并督促发行人履行债券募集说明书约定的义务，维护债券持有人享有的法定权利和债券募集说明书约定的权利。另外，第1.7条规定：为债券发行、上市、交易提供服务的专业机构及其相关人员应当严格遵守执业规范及自律监管规则，勤勉尽责、诚实守信，按规定和约定履行义务。关键是规定动作要到位，不做违法违规的事，诚实披露各类事项，遵守募集说明书的约定，保护好投资者权益。当然，要做到这些也不容易。在爱护自己方面，我想起我朋友的一句话：“我在任何事上可以向你臣服，唯独喝酒一事不会向你臣服，因为我不喝。”

11

公司债券授课中的注意事项

近年来，我因在某金融机构就职，经常有授课的任务（有关债券和ABS的课程），讲了上百场（董事会秘书培训班、独立董事培训班、财务总监培训班、债券培训班等），课后评分还算不错。我自己有一些心得，拿出来和大家探讨，不一定正确，仅供交流。

1. 课前20分钟最好喝杯浓茶或咖啡，可以有效提升兴奋度。喝完一杯高浓度的咖啡，你有时会觉得心脏跳得都不是自己的了。提前20分钟喝下，课程开始时，咖啡因等助燃材料刚好到达你的脑细胞。当然，最关键的是前一天晚上要休息好，否则你次日的精神状态会受到影响。前一天晚上最好不要喝酒，否则你第二天可能会气短。

2. 授课前可听一些激烈、劲爆的音乐，这样你的情绪会被感染和点燃。演讲者一开口，他们的激情和热情就能被台下的听众立马感觉到。我最近听了一些讲座，演讲者常常低吟，激情不足，也不太与听众进行眼神交流，使得授课效果大打折扣。

3. 上午的讲课和下午的讲课会有很大区别。学员在下午容易犯困，所以演讲者需要在内容中增添一些专业、有趣的段子，需要提高声调，也需要有亲和力。

4. 说出口的内容要是自己相信的东西，至少尽力确保。用坚定的语气讲出来的内容和怯生生讲出来的内容，在效果上有很大差异。这也算是授课者的良心底线要求吧，“信实”很重要。

5. 口水之功，更多在于平时的积累。要和各方（如券商、发行人、监管机构人员、其他中介等）多交流，多虚心学习；要多整理、多写作。只有时时积累，讲课内容才能接地气，你才能抓住学员内心真正关注的事情。在那么多聪明的学员面前，讲课入心入脑才是最重要的法宝。

6. 除介绍规则、政策、案例等内容之外，最好加一些自己的理解和感悟。若能有一些建议或路径式指引，学员会更感激你。学员也会明白，仅靠自己回家看PPT（演示文稿），作用是有限的。

7. 讲课的过程中要注意观察学员的反应，若这个班的学员笑点比较高，那么你要加大段子的火力。段子尽量靠平时自创。人脑每天闪过几万个念头，如果你把其中一小部分有趣的记下来，那么数量也是相当可观的。

8. 若是讲解创新产品或监管部门推出的新规，那么你最好不要留下太多互动交流的时间。因为很多细节性的东西连规则制定者都在努力完备之中。万一不小心在会场被拦住了，你也要委婉地表达规则适用的几种可能性。

9. 最好对最近两天的新闻进行解读和联想，顺带将其与讲课内容联系起来，从而让学员更容易理解，而学员会用发光的眼神来回报你。时时关注新闻动态也是保持专业敏锐性的必备动作。

10. 最好坐着讲课，除非个人不方便（如肚子太大）。根据能量守恒定律，站着讲课势必会损耗更多能量，坐着可以将省下的能量用于多动嘴和多动脑。另外，有人喜欢站着讲课并走来走去，这容易干扰学员的听课专注度。讲课的关键是“知识流动”，而不是“老师在走动”（个人看法）。

11．对于大势、方向的看法，最好回答得保守一些。对于未来的走向，可以适当进行科学的预测（往往需要有强大的逻辑支撑），并加入对不确定性因素的预估，列出需要考虑的多种因素。

12．当时间太紧，只能讲主要内容时，讲课者的浓缩、概括能力就很重要。当课堂无法给你足够的时间时，你可以开个有内容或有趣的公众号，让更多人受益。尽量不要开“打赏”，依我个人经验，专业领域的小众文章经常收不到什么钱。

13．怎么做到讲课不胆怯？多讲，到处讲。之后，人越多，你越爱讲，越兴奋。

14．段子永远是为专业内容服务的，用于加深学员对专业内容的印象。学员课后记住的往往是那些有意思的专业内容。

15．若感冒咳嗽，你在讲课前可以服一些速效药。我有一次重感冒、狂咳嗽，吃了一些药，讲了近两个小时的课，只咳了6声。

16．男老师在讲课时脑袋要像摇头的电风扇一样，不要只盯着几位美女学员，而要和更多的人有眼神的交流。人是一种很奇怪的动物，可以立马从二三百人中发现颜值高的人类个体，审美、鉴美能力在人类漫长的进化史中被充分保留了下来。

17．记得随身带一个拷有PPT课件的U盘或电脑，因为主办方电脑里的PPT软件偶尔会出问题或打不开。否则，课堂中二三百人等着你去取课件恐怕是在以后长夜里你经常会梦见的桥段。

18. 讲课耗真气，语速可稍微放慢，讲话声音放小些，音响声音可事先适当调大些。少用真嗓多用气流发声。

19. 讲课中偶尔会有领导或客户来电话，手机里要设一条未接来电快捷回复短信的模板：我正在讲课中，不方便接电话，课后给您回电话!

20. 开始讲课时，你发现讲台上的水杯有口红印，千万不要再用，那是上一位讲课者留下的杯子。

21. 最后一点极其重要：课前记得上厕所，不要对膀胱进行压力测试。

后　记

2015年6月1日，我建了一个微信群并将其命名为“公司债券业务交流群A”。我先拉了二三十位券商朋友入群，结果不到20分钟，500人的群就满了，大家入群的意愿很强烈。后来我和同事陆续建了“群B”“群C”等10来个群，纯属于“公益”目的。

由于当时恰逢公司债券新政发布，规则还有众多不完备之处，群里每天的问题特别多。这让我感到忧虑，回答群里的问题确实有些“影响生活质量”。我个人常常夜里十一二点还在微信群里为正在加班写募集说明书的券商朋友解答问题，因为那时我女儿已入睡，我可以在书房里“释放自我”。这几年来，我前后回答了上万个问题。我一开始是正正经经地回答，语气往往是“依据《公司债券发行与交易管理办法》第×条……”。这种语气有些无趣，所以我萌生了在群里为大家解闷的想法，然后开始用幽默、类比（引用生活琐事）等方式回答问题，以求在答疑的同时博大家一乐。我没有用很难懂的理论，而是用朴素的语言解答大家实际操作中的一些疑惑。实际上，“真理都是朴素的”，讲道理也一样可以用朴素的语言。我发现这种幽默的方式更容易被大家接受，而且整个群的活跃度会瞬时提升。没想到一发不可收拾，我整天在群里“不正经”地回答问题。当然，各种生活化、类比的答案也进一步避免了敏感问题被大家截屏传播的风险，因为行业外的人一般需经专业人士解释后才会明白其中的意思，截屏的“流动性”就变差了。

问题回答得多了，就有人提醒我可以整理、汇编一下群里的有趣问答，这已是建群一年之后的事情了。我还得知有些券商安排了专人负责整理我在微信群里的回答。于是，受我同事谢何建立公众号的启发，我在2016年6月注册了“股债稻草人”公众号。《公司债券的那些有趣问答（一）》于2016年7月3日发布，点击量有5 000多，这点燃了我继续整理和写作的激情。有趣问答的好评如潮，激励效果很好——有的券商甚至直接打印拿给发行人看，用于承揽和解惑。

有很多人跟我说，这些有趣问答通俗易懂，易于让人们了解公司债券和ABS，可解惑，可提高规则透明度，可缓解压力。在公司债券新政推出时，这些问答确实起到了消除信息不对称的作用，让债券市场的从业人员多了一点方向感，适度地消解了社会成本。这些赞誉有些夸张，我要感谢各位的认可。回头想想，人生所能把控的便是“自己的付出”。

接下来，我要感谢与本人成长和与此书诞生相关的人。

感谢当年在中国证监会债券市场改革发展领导小组办公室（中国证监会公司债券监管部的前身）一起共事的领导同事，包括霍达主任（现为招商证券董事长）、陆文山副主任（现为上海期货交易所党委副书记、监事长）、卢大彪（现为中国证监会公司债券监管部副主任）、汪兆军、李洪涛、佘力（上海证券交易所债券业务中心负责人）、丁晓东（深交所会员管理部总监）、刘彬、王玮、郑坤山、杜会峰、韩鹏等。还要感谢中国证监会的蔡建春主任、陈飞主任、张庆副主任、王锐（中国证券登记结算有限公司副总经理）、李佩芸副主任、倪改琴、张凤文、曹淮扬、赖朝晖、杨蓓、闫云松、潘葳伟、程明、何诗扬、潘丽、姜洁、候昭徐等同人一直以来的关心与支持，以及对有趣问答系列的指导。

感谢我所在单位的分管领导李辉副总经理的言传身教，以及我所在单位综合研究所、北京中心、固定收益部、国际部等领导同事的帮助。我要特别感谢对本书内容提供指导的固定收益部谭永晖、许碧、寻晓青、郑新等领导，要感谢杨帆（女）、杨帆（男）、谭媛、卞超、沈冰洁、张暕、郑瑞静、王菲菲、张梅玉、刘楚白、吕东、陈嘉懿、魏威、杨鹏、王筱筱、孙悦、李燕、陈娜、丁星、刘敏敏、周彬、尚凯东、连晓娟、杨希雅等各位同事在写作过程中的各种指导和建议，你们进一步保证了政策、文字内容的准确性。

感谢我的博士研究生导师林秀芹教授（厦门大学知识产权研究院院长），以及我的研究生导师朱晓勤教授（厦门大学法学院副院长），我的成长少不了两位导师的指引和宽容。

感谢各位券商同人的提问，没有你们的问题，我也不会写出这些答案。同时感谢各位券商同人将市场上的最新资讯与我分享。

感谢中信出版集团·财经优品的王宏静总编、胡昭滔编辑，二位对本书倾注了大量心血，让我见识了中信出版集团的高端品质和品牌打造流程。

感谢赵宏（女）、姚明利、林永超、郑顺添等各位好友在本书写作过程中给予的指导和鼓励。

感谢我的父母郑群英、陈月桂。自从成为父亲之后，我才知父母的恩情有多深，希望接下来有更多的时间陪陪父母。感谢我的妻子章艳琳女士（经常“嘲笑”我的写作进度）和女儿郑舒文，家庭生活的温暖是一个职场人士每天倦航后良好的港湾。感谢家人！同时，希望本书的出版能给媳妇肚子里的“二宝”赚点奶粉钱。

要感谢的人太多，若漏了谁，请不要责怪。

本书错漏之处在所难免，请各位读者多多指正，以便再版时改正和完善。

郑文才
于深圳福田区梅林一村水库边
2020年1月8日

（欢迎关注公众号“股债稻草人”，联系邮箱 wencai0606@163.com）